# 손말

다층현대시조시인선 006

손말

발행일 2020년 5월 16일
지은이 양시연 외
펴낸이 김동진
펴낸곳 도서출판 다층
등록번호 제27호
주소 (63211)제주특별자치도 제주시 오복5길 14, 1층
전화 (064)757-2265/FAX(064)725-2265
E-mail dc2121@empas.com



ISBN 978-89-5744-097-1 03810

값 10,000원


* 이 책은 Jeju 제주특별자치도로부터 제작비 일부를 지원받았습니다.

다층현대시조시인선 006

정드리문학 제8집

# 손말

다층

* 페이지 시작과 끝부분에 〉표시는 연을 구분하는 표시입니다.

# 머리말

올해는
정드리 탄생 20년,
성년의 나이에 걸맞게
시대적 소임을 다하며
치열하게 가고자 한다.

정드리문학회 회장 양시연

# 차례

# 강현수

## 동정洞政의 동정動靜 1

오늘은 부녀회원 재잘재잘 꽃 심는 날
금잔화 튤립 팬지
비올라 페츄니아
코로나 감염병에도 무사하길 기원한다.

벌써 두석 달째
휴일다운 휴일도 없고
이젠 내 몸도 방제복에 맞는 것 같다
좋은 날 언제 올 건가
속 터지는 영산홍

# 동정洞政의 동정動靜 2

4·3도
코로나도
모르다는 어느 할머니
물 건너 딸아이 소식
그마저
아득하고
온종일
마스크 쓰고
잠자리처럼
돌다
간다.

# 동검은이오름

일벌도 오월이면 그때가 한창이다.
철따라 꿀을 따는 장돌뱅이 가장의 길
아버지, 깡마른 등짝, 그 오름에 오른다.

봉분도 풍장 치르면 돌 몇 덩이 남는 걸까
좌보미 오름에서 올려다본 동검은이
야성의 산길을 돌아 두 개 뿔로 가고 있다.

화산도 제주의 땅 신성한 오름처럼
그래도 내색 않는 불경기의 땀방울
비릿한 아버지 냄새, 면포 두른 분봉分蜂의 시간

## 벌통생각 1

오월로 가던 바람 잠시 머문 가라츠성城
향기 따라 바람 한 줄 또 한 구비 돌고나면
서귀포, 고향바다가 혈관마다 파도친다.

수술실 문턱에서도 아비는 벌통생각
대신 사양 주던 날, 뚜껑 죄다 열려도
벌들은 꽃 밖에 나와 아버지를 기다렸다.

이역만리 내가 와놓고 무엇을 기다리나
사십년 익은 몸짓 빈 꽃대만 빨아대도
때 되면 분봉分蜂의 시간, 비상하는 침 하나

# 꿀을 따며

유월이면 장돌뱅이, 아버지는 떠돈다.
인동초 줄기 따라 팝콘처럼 터져나는
돈네코 그 언저리에 벌통 따라 떠돈다.

아직도 저 꽃들은 전할 게 남은 걸까
감귤파동 견뎌내듯 시린 계절 다 견디고
중간에 매파를 놓듯 벌들을 놓은 거다.

말벌이 다녀갔나, 머리 없는 일벌의 잔해
파리채로 휘둘러도 기어코 또 찾아오는
만성의 적자 가계부, 봉침을 꽂고 싶다.

# 고해자

까레이스끼
꽃물 들듯, 그렇게
마당 끝 감나무
천지 천지 세상천지
까만 초승달

## 까레이스끼

어디든 발길마다 그만한 까닭 없으리
더러는 꿈을 찾아 더러는 등 떠밀려
가는 길 복불복인데 지구 한 끝 연해주

한 세기를 건너와도 얼굴빛은 그대로인데
한글도 단어 몇 개 희미하게 붙은 입술
그 무슨 새 울음같이 뱉어내는 고려인

조선반도 골골에 흘러가던 아리랑이
누가 동토까지 이끌고 온 것인가
아리랑 아리랑고개 손 맞잡고 넘는다

# 꽃물 들듯, 그렇게

결국 떠나시려 그렇게 했나보다
한 달에 고작 몇 번 쥐어주던 용돈인데
그즈음 하루 만 원씩 꼬박꼬박 주셨단다

뜬금없는 거금에 엄지척 하던 조카
아버지 수의 위에 진달래 꽃물들이듯
마지막 길을 붙들고 피 토하듯 울었다

그 세월 보내놓고 한라산 오르다가
느닷없는 진달래밭, 이름 한번 불러본다
내 가슴 꽃무덤 하나 불을 놓는 사월아

# 마당 끝 감나무

마당을 지키고 선
귀퉁이의 감나무
세월에 무디어져 떠날 시간 기다리듯
하늘에 바치던 홍시, 코앞에 둔 백년 생

해마다 가을이면
예행연습 하듯이
사나흘에 한 번씩은 책장을 넘겨보다
생과 사 넘나들면서 매만지는 어머니

가지 끝의 마른 약속
경건히 거두면서
바람보다 앞서 걷는 덤덤한 이별이듯
수의로 단장되기를 기다리듯 헤는 날

# 천지 천지 세상천지

파랗다

새파랗다

누군가의 눈빛 같은

장춘 거쳐 연길 거쳐

구름인척 눈 맞추자

꽤 오래 기다렸단 듯 날 비추는 청동거울

## 까만 초승달

여름이면 앞밭 윗밭
눈치주기 일쑤다
폭염과 가뭄에도 망초망초 개망초
기어코 월담을 하듯 슬쩍 넘는 씨앗들

그물망 쳤는데도
막무가내 떠다닌다
허리 펼 사이 없이 호미나 장갑도 없이
머리채 낚아채듯이 죽자 사자 뽑아낸다

들깻잎 몇 줌 뜯고
호박잎도 몇 줌 뜯고
무너진 돌담마저 몇 덩이 올려놓다
어스름 돌담길 따라 손톱에 뜬 초승달

## 김신자

# 섬백리향 카톡카톡

이 봄날 핑계삼아 꽃몸살 앓으시나

내 안에 난리났네 꽃이 핀다 카톡카톡

늦은 밤 흐드러지게 설레는 내 휴대폰

마음이 가는 길에 까닭이 있을까요

내 심장 꽃 벙글며 무선 길 내닫는다

오늘은 분홍 섬백리향 핍니다 카톡카톡

# 맥주 한 잔

사는 것 별것 없다 공허한 잔의 울림

가끔은 흔들리고 비우고 채워야지

우주가 공명에 잠겨 어질어질 누운 밤

어머님 보내두고 세간살이 정리하다

툭, 걸린 콩 한 줌에 시린 통증 덧나도

세상사 맥주 한 잔으로 잠재우는 겨울밤

# 주민세 고지서

대문 앞 집배원이 부르는 이름 석자

계세요? 고정순씨? 우편물 왔습니다

어머님 고정순씨는 이승 떠나 일년 쯤

그 이름 부르다가 현관에 남긴 메모

두 번째 방문해도 고지서 송달 불가

어머님, 주민세래요 얼른 나와 보세요

## 수월봉 해국

허걱, 이 녀석 봐라 아픈 바람 품었군
거기가 어느 세곈데 매달려 버텨보나
수월봉 비크레기에 뿌리내린 외로움

너도, 사람이, 이 세상이, 싫었나보다
슬프고 부끄러운 일 누군들 없겠냐만
한 번쯤 헐거운 삶도 피어보고 지는 것

해안도로 발걸음은 생각이 너무 많다
핸드폰 사진 한 장 추억을 소환하니
참았다 터트린 울음, 이렇게 가을이 핀다

# 멍쟁이 가을

가을이 끄는 유모차를

어머니가 또 끌어가니

헛도는 바퀴마다 파도소리 철썩,

이정표 하나 없어도 해국은 저리 피었네

*멍쟁이: 용수리에 위치한 마장으로 사용했던 들판

## 김양희

# 분재

줄기를 비틀고
구부리던 철사가
소나무 겨드랑에서 떨어지지 않는다
분명히
의료사고다
몸에 박힌 교정 도구

비명을 좀 지르지
울분이라도 토해내지
제 몸도 아닌 걸 생살은 움켜쥐고
저렇게
버티고 있다니
제 것으로 품다니

## 아버지

첫 줄을 뽑으며 허공을 나는 거미

범람하는 파랑계곡
밧줄 풀며 길을 내는

맨 처음
다리가 된 당신
나는 타고 건넙니다

# 짐볼

아무리 굴려도 흔들리지 않는 중심

모양대로 구르며 벽으로 간 공은

스스로 길을 내가며 돌아올 줄 안다

밀어도 기울지 않는 동그란 결정체

모서리란 말을 가져본 적이 없어

상처를 선물하거나 받을 줄도 모른다

## 가자 지구

심심한 일상에서 지루한 생활하며
TV 보다 잠들고 싶다, 싸우고 싶지 않다*

무관심
비겁으로 뭉친
세상 향해 외친다

지구에서 가장 큰 야외 수용소 가자
날아가던 총알도 두 눈 감아버린다

세상에
아무렇게나 핀
꽃이 어디 있을까

* 팔레스타인 칼레드 호룹 교수.

## 병산서원 배롱나무

내 옷을 내가 벗고 내 옷 내가 만들지
햇볕 수틀에서 바람 실로 한 잎 한 잎

손끝에 핏방울로는
꽃잎들을 수놓지

이렇게 벌거벗은 건 입기 위한 기다림
눈 붙일 새 없이 수천 잎 놓아가도

곁가지 부러지지 않을
그만큼만 한 땀 한 땀

# 김영순

# 햇감자

외할머니 밭에서

갓 캐낸 감자 몇 알

동글동글 뽀야니

갓 낳은 달걀 같다

한 며칠 품기만 해도

삐약삐약 깨어날라

# 그 말

— 착하다,

물 건너 일자리 찾아 나섰을 때도

— 착하다,

그 자리 박차고 내려왔을 때도

착하다, 착하다는 말

착하디착한 엄마 말씀

그렇게 그 말을 들은, 세상은 착해졌을까

오늘은 시집가는 딸에게 그 말 툭, 해버렸다

아니다, 너는 나처럼 착해지지 말거라

# 꾼

그나마 벌농사가 그럭저럭 손에 맞아
순명이듯 40여 년 벌과 함께 지낸다는
서귀포 양 씨 하르방
꾼이라면 꾼이겠다

벌통 내검하는 일이 내시경 검사 같다
3년생 숫말꼬리털, 손수 만든 봉솔로
여왕벌 어느 왕조의 연대기를 훑는다

한번 쓱, 보기만 해도 그 속 훤히 알지만
그 흔한 상표조차 부착하지 않은 꿀병
전화도 받는 둥 마는 둥
장삿속은 아예 없다

하루에도 몇 방씩 봉침을 맞아야 하는
오월의 어느 한밤 꽃이 오는 길목에
한 트럭 유목의 벌 떼
꾼의 덫을 놓는다

# 벼락 맞을 나무

벼락 맞을 벼락 맞을, 저기 저 나무 좀 봐
새소리 쏟아내는 곶자왈도 아니고
목마장 목책에 갇혀 종마나 지키다니

누가 메어놓은 오름 두엇 저 너머엔
말 하나 나무 하나 가을 끝물 사랑도 하나
서로가 서로에 기대 풍경이듯 아니듯

땡볕이나 가려주고 등이나 긁어주지
벼락 맞은 나무 아닌, 벼락 맞을 나무라니
나는 또 누구를 위한 피뢰침 될까 몰라

# 유품 보고서

한낱 유품이란 매미허물 같은 걸까
껍질만 벗어놓고 황급히 뜨신 그 길
어머니 놓친 올레길
들래말래 첫 제삿날

장롱 속 씨고구마 뭣 때문에 남겼을까
어머니를 모시듯 내 집으로 들고 와
수반에 물 한 사발도 같이 올려놓는다

썩으면 썩는 대로 내다버릴 참이었는데
잔소리, 잔소리 같이 삐죽 삐죽 돋는 새순
하늘에 절하는 나도
이 세상 외로운 유품

# 문순자

향일암 동백
봄날의 교집합
섭섭한 타협
산굴뚝나비
소리쟁이

# 향일암 동백

적어도 소원 하난 들어준다는 말을 듣고

바다 건너왔는데 본척만척 금동불상

금오산 절벽 한 자락 동백에나 빌어본다

# 봄날의 교집합

어린 봄 햇살 몇 줌 어찌 그냥 흘리랴
겨우내 눅눅해진 이불 홑청 가는 사이
일곱 살 벌테 손자가
반짇고릴 엎질렀다

저건 전리품이다
시집 올 때 딸려온
쪽가위 골무 단추 남편의 첫 월급봉투
덩달아 마른 탯줄도 불쑥 튀어나온다

벼락맞은 대추나무 도장이나 만들까
세상에 남길 것은 하나뿐인 탯줄도장
아들놈 첫울음 같은
연두로 꾹 찍고 싶다

## 섭섭한 타협

바다다, 일렁일렁 보름사리 애월바다
새별오름 녹고뫼오름 떴다가 잠겼다가
해종일 밀당을 하듯
꽃 따내는 이 짓거리

철부지, 저 철부지
목숨 걸 게 따로 있지
사춘기 여드름 돋듯 복작복작 꽃숭어리
다섯 살 감귤나무의 꽃모가질 비튼다

우리, 이왕이면 너 살고 나도 살자
직박구리 여윈 발목 고대하는 첫 수확
하늘도 세상도 절반
타협하는 이 봄날

# 산굴뚝나비

보아하니
영락없는 그 이름에 그 행색이다
가도 가도 화산암
낙엽인지 나비인지
한여름, 바람 거슬러 팔랑팔랑 떠돈다

빙하기의 제주는 한반도와 한 몸이었다
결빙이 풀리면서 떨어질 만큼 떨어져 나간
그 섬에
별리의 상징
한라산 산굴뚝나비*

내게도 유랑의 기질 있기는 있는 걸까
그대 아득 멀어져 섬으로 앉은 저물녘
아버지, 친정 아버지
어지러이 떠돈다

* 한라산과 백두산 일대에만 서식하는 나비.

# 소리쟁이

잘 먹고 잘 산다면 뭔 소리가 우러나랴
애월 어느 바닷가 소라고둥 같은 마을
건들면 울음소리가
묻어날 것 같은 이들

상군해녀 춘희삼촌은 내 어머니 친구다
4·3 광풍 이후 날궂이하듯 도진 신병
한사코 내림굿은 커녕
푸닥거리도 마다했다

농한기 멍석 깔면 우리집은 노래마당
"느 ~영 나 ~~영 두리둥실 ~ 놀 ~고요 ~"*
북 장구 허벅장단에
파도소리도 끼어든다

그때 그 선소리꾼 분명 세상 떠났는데
어머니 요양원 곁에 오락가락 숨비소리
이 가을, 소리쟁이로 와
한 목청 꺾나 보다

* 제주민요 한 소절

# 안창흡

차귀도 1

차귀도 3

귀 환하다

# 차귀도 · 1

네 죄를 네 알렸다
왕후장상 혈
따로 있더냐

쇠말뚝
쾅
쾅
박아도

죽지 않는
꿈 하나

고종달胡宗旦
풍수의 귀환
돌려세워
수장하네

## 차귀도 · 2

- 그 노을

이런 저런
섬
두엇

이런 저런
내
업보

권커니 작커니
여기까지
흘러와서

섬 위에
무동을 타는

노을빛
장끼 울음

# 귀 환하다

어둠 뚫고
별빛
달빛
성호를 긋고 있다

잃어버린
아내의 꿈
모두가 내 죄인데

십자가
그 빛,
큰 사랑

'일어서라'
손을 잡고

용서받지 못할 죄
용서하지 못한 죄

남김없이
다 아뢰라
밑바닥 어둠까지

엄하나
자비로우신,

그 말씀에
귀 환하다

# 양상보

# 월정리 돌담

달이 끌고 있나
파도가 끌고 있나
제주 섬 동쪽 끝에 사람들 마음까지
잡았다 놓았다 하는 숨바꼭질 월정포구

강냉이 씨앗처럼 촘촘히 박힌 돌담
어느 어진 손들이 저렇게 쌓았을까
수백 년 바람도 지킨 괭이같이 굵은 손들

돌담 하나 쌓으려면 아홉 번 고쳐놓듯
삼거리 큰딸 소식 마중 나온 초승달
화산섬 고단한 생애 불이 쉬는 월정리

# 모毛를 심다

압구정역 4번 출구
그 언저리 모심는 터

새해 첫 나들이
제주사위 의사 만나

눈썹 위
비었던 자리
파릇파릇 모 심는다

대대로 이어져 온
벌거벗은 집안 내력

이순의 이 묵정밭
물꼬 다시 터야하나

언제쯤 참새소리가
내 머리에 들려올까

# 바보

늙은 팽나무들이 마을을 불렀나 보다
조수궤 무등이왓 그리고 삼밭구석
4·3에 '잃어버린 마을'
저슬사리 꽃이 왔다

더러는 무악오름
더러는 돌오름
어느 길 가야할지 누구도 알지 못했다
흩어진 눈발자국을 따라나선 총구들

동광리 마을 어귀 국민학교 교문 곁에
누가 새겼을까
수백년 팽나무 밑동
소잔등
낙인을 찍듯 돌아오지 않는 그 이름

# 나이테를 새기다

길은 무슨 일로 이마 끈을 둘렀을까
둘레둘레 둘레길 한라산 둘레길을
가다가 삼나무 상처 그루터기 만져본다

일제강점기에 수백리 뚫린 숲길
가지 끝 걸린 사연 내 품에 담고 산다
가슴 속 하고 싶은 말 나이테로 새겨둔다

이순을 넘어서면 주름 한 줌 흙이 될까
별똥별 그은 흔적 아버지를 불러본다
이 세상, 삽자루같이
닦아놓은 둘레길

# 예촌 일기

서귀포 예촌리는 양을라의 땅이다
올레 긴 집 노총각
오늘은 장가가는 날
옵데강
감수광하며 연신 머릴 조아린다

돗궤기도 한 접시
함박눈도 한 사발
열두 촌 어느 며느리 엉덩짝도 춤을 춘다
사백호 양씨 집성촌 솔문도 춤을 춘다

누구나 친척이라 만나면 인사한다
어느 마을 색시가 예촌을 구제했다며
한 시름 놓은 이장 집
거나하게 취한다

*예촌리 : 서귀포 신례리 옛 지명

# 양시연

"사랑해"
돌매화
정월 개나리
첫 날
그 사람

## “사랑해”

저것도 산이라고 봉 하나를 올렸네
경기도 보개면 비봉산의 너리굴
‘너른 골’하면 될 것을, 굳이 왜 ‘굴’이라 하나

그 굴에 내가 들어 2박 3일 농인수련회
나는 신부 너는 신랑, 물 폭탄 맞아도 좋다
첫날밤 비둘기처럼 구구구구 웃는다

자정이 넘었는데 전등을 끄지 않네
오랜만에 두런두런 무수히 오가는 손짓
그렇다. 빛이 없으면 안 보이는 저들의 말

그래 끄지 마라 밤새도록 끄지 마라
나도 어둠 속에 끝내 놓친 말이 있다
오늘은 뒤돌아서서 손말 해 본다. “”

# 돌매화

한라산 돌매화는 어디서 날아왔나
세상에서 가장 작은 통꽃을 피워놓고
오뉴월 백록담에나 제 얼굴을 드러낸다

빙빙 돌던 미리내도 걸린다는 한라산
그 사연 하나하나 엮어내는 은초록 암매
이 땅에 잠시 왔다고 온몸으로 고백한다.

## 정월 개나리

건너 건너 입 건너 옛 짝꿍 소식 듣는다.
넘기는 달력 따라 떠나는 시간을 본다.
그 시간 어느 귀퉁이 병상 소식 듣는다.

모처럼 놀래키려 그 병원 찾았는데
몇 번을 되물어도 그 친구 이름이 없다
다시금 전화를 걸어, "야, 벌써 퇴원했냐?"

'한일병원', '한국병원', 한 끗발 한 글자 차이
"너 거기 가만있어, 병문안은 내가 갈 게"
그 말에 개나리마저 철 모르고 터진다

# 첫 날

어둠 속엔 아무도 아무것도 없었다
그래도 새벽 네 시, 알람은 깨어나서
예배당 가는 길까지 비몽사몽 따라온다.

평생 당신 한 분 그렇게 섬겼는데
사십 년 일자리를 내려놓고 왔는데
단 하루 오늘만큼은 내가 섬김 받고 싶다.

나에겐 첫사랑도 슬픔이 아니었다.
태어나서 첫 이별, 헛도는 어깻죽지
몇 송이 눈발이라도 주시면 안 될까요

# 그 사람

“커피 한 잔 가능?”
카톡 카톡 싸락눈 소리

‘터치를 실수한 건가?’
카톡 카톡 싸락눈 소리

은밀한 그 목소리로
카톡 카톡 싸락눈 소리

# 오승철

# 애월

— 장한철 표해록에 들다

납읍천 도끼돌에 꿈이라도 벼렸을까
1770년 12월 25일 못 가둔 그 꿈 하나
기어이 조천바다에 돛배 한 척 띄운다

믿을 걸 믿어야지 뱃길을 믿으라고?
소안도도 유구열도도 들락들락 들락퀴면
몇 명 또 바다에 묻고 만가 없이 가는 눈발

파도가 싣고 왔지 청산도에 왜 왔겠나
꿈속에서 물 한 모금 건네던 무녀의 딸
하룻밤 동백 한 송이 피워놓고 돌아선다

그리움도 장원급제도 수평선 너머의 일
나도 야성의 바다 그 꿈 포기 못했는데
단애를 퉁퉁 치면서 애월에 달이 뜬다

# 가을하늘

운동장 한복판에 하얀 선을 그리듯

저렇게 제트기가 가을하늘 긋고 가면

오늘밤 북두칠성도 반쪽으로 잘리겠다

# 광해우

누가 온 포구라고? 뱃고동도 없었다고?
한 무리 흰갈매기 파닥이는 행원리 바다
저렇게 뜯긴 바다로 누가 귀양 왔다고?

살아선 어등포구 죽어선 화북포구
광해란 그 사내도 봄꿈 한 번 꿨던 게지
탱자울, 술잔도 하나 벽을 치는 달도 하나

억울한 일 있으면 이 섬에 오지마라
칠월도 초하룻날 끝내 뱉지 못한 그 말
시 몇 줄 섬에 남기고 혼자 가는 쏘내기야

# 꿩꾹이

꿩이 잘하는가
뻐꾸기가 잘하는가

봄 들판 무대 위에 꿩꿩 뻐꾹 꿩꿩 뻐꾹

그 소리 메아리 되어 꿩꾹이로 들려요

꿩꿩 뻐꾹 꿩꿩 뻐꾹
꿩꾹이가 꿩꿩 뻐꾹

온종일 겨루어도 승부는 나질 않아

산골은 하품을 하듯 찔레꽃을 피워요

# 연해주의 페치카

연해주의 겨울은
바다도 얼어붙는다
파도마저 그대로 멈춰서는 날이면
부동항 못다 한 말만 뒤척이고 있었다

그는 난로였다
러시아풍 벽난로
시베리아 횡단철도 우웅웅 울고 가면
유목의 시린 가슴들 구워내던 페치카

땅덩일 등진 거지
조국을 등진 거냐
수이푼강 고백을 동해라 모를 건가
하얼빈 일곱 발 총성
그는 알고 있었다

이름을 남겨야만 장부의 길이겠나
남한이면 어떻고
북한이면 또 어떤가
깡깡 언 조선반도에 '페치카 최'*를 불러본다

*독립운동가 최재형 선생의 애칭. 대한민국 임시정부 초대 재무총장

# 오창래

# 자다가

가을도 깊어가는 심야인 자정 무렵
저 홀로 초저녁부터 난동 피던 철 지난 모기
다시금 외두드리멍* 내게 달려듭니다

하필이면 멀쩡히 눈 떠 무얼 생각하던 그때
짜증스레 허둥대며 내팽개친 모기향 찾아
양쪽에 피워두고는 컴 앞으로 앉습니다

고적함 깨트리는 귀뚜리의 저 함성은
과연 내가 이러는 줄 알기나 하는 겔까
자다가 화가 난 듯이 시 한 줄로 맘 달랩니다.

*외두드리멍: '고함치면서'의 제주어.

# 새

폐가 단청 밟으며 꾸물대듯 나옵니다
여린 가슴 하나가 세상 문을 엽니다
주변을 비잉 빙 돌다가 어디론가 나닙니다

텃밭 너머 언덕 지나 저 멀리 파닥여 가다
기력 다 됐음인지 안식처로 나앉은 곳
터 잡은 전봇줄에서 홀로 떨고 있습니다

이따금 주말이면 찾아가는 다랑쉬 오름
어쩌면 저 새를 닮아 날아오를 순 없을까
나 이제 이슬 깨물며 정상 탈환합니다.

# 내 삶의 방식

마당가 한 편으로 가을바람 밀려듭니다
전선줄을 당겨 맨 외줄로 간 이름으로
홀아방 널어둔 빨래 리듬 타고 있습니다

오늘은 한가위로 누군가를 기다릴 때
조금 전 아들 준호 반갑게 찾아와서
보너스 내미는 손길 아침노을에 뜨겁고

약간 남은 내 생을 이처럼 살아가렵니다
찬거리 떨어질 땐 마트나 장터 돌며
그렇게 점철된 삶을 환히 꽃피우렵니다.

# 빌레* 하나 있는 거기

돌렝이* 한가운데 섬처럼 나 앉아서
멀쩡한 대낮에도 팔베개로 졸고 있나
오늘은 둘러보다가 공연히 눈 흘긴다

어쩌면 바다 저편 떠 있는 화물선이듯
하마 네를 언제쯤 매매할 수 있을까
차라리 오일장 날에 호떡처럼 내놓고 싶다

이제 보니 유년 시절 빌레가 떠오른 날
어쩌다 하필이면 네 애칭이 고거였으리
밀려든 하늬바람 위로 귀뚜리 하나 울며 간다

* 빌레: '너럭바위'의 제주어
* 돌렝이: '작은 밭'의 제주어

# 닮은 꼴

홀아방 생활한 지 숱한 세월이라지만
한뉘 간 고적함이 수평선인 듯 나앉을 때
텃밭에 고구마 줄기 체념하듯 숨죽인다

집 한 편 저 녀석은 허공 한 번 깨트리는
이것도 우연인 듯 우째 닮은 형상일까
차라리 미풍까지도 다시는 날리지 말자

달력을 바라보니 바릇잡이* 할 물때다
서둘러 챙긴 채로 해안가 찾아가서
그리움 주워들고는 둘러메고 귀가한다.

* 바릇잡이: 썰물에 바닷가에서 해산물을 잡는 것.

# 윤행순

간호일지-초로기치매

간호일지-단풍

간호일지-허혈증

황색등

# 간호일지 4

— 초로기치매

아침 여덟 시 경 출근을 하자마자
젊고 건강한 남자 응급실에 실려온다
한 움큼 햇살도 함께 구급차를 따라온다

"나는 소방관이다" 첫인사를 건넨다
그런가, 그런가 하고 그 말을 믿었는데
내 얼굴 대할 때마다 소방관이라 또 그런다

어느 일터에서 근무했던 사람일까
때때로 링거병을 소화기처럼 둘러메고
병상에 분사를 하는 진단명 초로기치매

## 간호일지 6
— 단풍

가을 타는 단풍은 치유하지 못하겠다

사랑한다, 그 말조차 깨끗이 떨군 저녁

허전한 나뭇가지에 링거병을 꽂고 싶다

# 간호일지 7
— 허혈증

간호사의 하루하루 누가 간호해주나
환자들 욕지거리야 한쪽 귀로 흘리지만
밤새껏 아프단 소리 이젠 내가 더 아프다

시도 때도 없이 울려오는 응급벨
어느 쪽이 먼저인지 어느 쪽이 나중인지
벨 소리, 벨 소리 겹쳐 히어뜩한 허혈증

논문도 시 한 편도 직장 일도 심근경색
의사도 어머니도 처방전이 없는 날
하루쯤 날 받아놓고 심초음파 찍고 싶다

# 황색등

허겁지겁 출근길 5.16도로 들어서면
빨강과 초록 사이 멈춰 선 아버지의 시간
한사코 외면해가던 양지공원 봉안소

낼 모레가 기일날 그냥 확 좌회전할까
아버지 바람기도 용서하고 싶은 가을날
돌담에 털머위마저 노란 낮달 피워낸다

# 이명숙

11월

아홉수

발인

누구의 초상인가

정물

# 11월

나를 지켜 산다는 그 거짓말
믿은 죄!
울지 말라 하시니 어떻게 울겠어요

가문 날 엉또폭포 돌앉듯
갈 거면서

사랑은 왜….

# 아홉수

아홉에서 열 사이 다리 없는 강이 있다
노을을 양분하고 사이를 염탐하고
섭섭한 별들의 근처 달무리 진 아우성은

새벽과 아침 사이 해산하는 하늘이다
확 번 꽃 자백하고 다 진 꽃 화장하고
예감만 흐드러지게 빈티지한 이 침묵은

그믐과 초승 사이 광장의 촛불이다
꽃 유골 듣는 자리 다시 초록이라고
그것은 마지막 한 잎 연호하는 무반주 노래

## 발인

초승빛 얼굴 너머 무지개 뜨는 새벽
엄니 시집가듯이 입시울에 피는 꽃
봉숭아, 꽃물 든 덧신에 웃음 깨문 발바닥

먹어도 안 먹은 척 안 아파도 아픈 척
며느리 발소리에 발동하던 어리광
일상의 열두 매듭은 고름 풀듯 풀고서

구름조차 설레는 물기 다 마른 오후
수줍은 듯 스치는 바람 소리 새소리
아버지 두근거리는 흰 숨결이 선한 날

맺힌 것이 있다면 탐 아직 남았다면 가시는 길목
마다 모른 척 흘리시고
처음의, 꽃불 또 피우고 젖은 눈꺼풀 말려요

# 누구의 초상인가

오늘의 첫 문장은 악에 피는 꽃*이다
예감은 봄밤이나 섣달로나 오는 굴욕
추락한 생의 문장은 돌아올 리 없으매

어둠을 뚫지 못한 새벽 아닌 새벽에 혀를 깨문 넋두리
이토록 기막히다
음음한 신념의 뿌리 화장하고 웃어라

굶주린 들개 앞에 꽃잎 소지 올린들

비루먹은 한 소절 꽃은 되지 못한다

미숙한 분홍 이마에 밤꽃향은 치워라

* 로토스 장편소설의 제목.

# 정물

부끄러이 사라진 사랑도 불이 붙어 풀쑥 튀어나오는
잊고 지낸 목소리
중랑천 뚝방 너머로 무수하고 무수한

방치한 외로움이 억센 짐승 같아서 오늘의 둘레길은
혼자 걷기 싫은 밤
남은 생, 풍경 안쪽에 유폐되고 싶어라

재생한 고막처럼 구체적 입맞춤에 해제된 비밀번호,
나는 나를 잊어도
꽃 이후 꽃이 될래요 그대 나를 부르면

# 장영심

# 바람 그물

지평선 수평선이 앞서거니 뒤서거니
내 고향 동복리는 흑룡만리 돌담길
폭낭밭 아버지 무덤 휘휘 돌고 나온다

돌담구멍 바람구멍 놓칠 것 다 놓치고
칠순의 테왁 하나만 움켜쥔 내 어머니
그 수심 뇌선으로도 달래지를 못한다

# 목탁

이꼴 저꼴 안 본다고 사람 꼴 안 본다고

세상만사 팽개치고 낙향한 어느 시인

동자승 머리통만 한

목탁 하나 들였다

# 뿔소라 1

빗창으로 내어 준 반나절 저 물질 값
어머니 망사리로 이 세상에 올라와
안으로 휘어 튼 설움 물 한 모금 뱉어낸다

그 설움 뱅뱅 돌리면 껍데기는 그냥 남고
고작 몇 푼의 일당 봄빛처럼 받아든다
불턱에 허기도 함께 구워내는 맨살들

그 냄새 다 비워 낸 밥상머리 막걸리잔
아버지 애창곡이 다시 도진 허물같이
서우봉 올레길 따라 휘휘 돌아가겠다

# 꼽추춤

103세 할머니의 생일잔치 치르던 날

두서없이 4대가 훙얼훙얼 모여 앉아

여든 살

아들 녀석이

꼽추춤 들썩들썩

# 어떤 뒷모습

구경 중의 제일은 강 건너 불구경이라지만
서귀포 오일장의 꽃구경도 볼 만하지
며칠을 벼르고 별러 남편 졸라 장에 간다

대체 어느 나라에서 여기까지 팔려왔을까
호접란, 사철장미, 마가렛, 히아신스
시장통 넘치는 흥정 그 소리도 담아간다

수많은 인파 속에 가끔은 아는 사람
그 옛날 육지로 가 감감한 이웃집 강씨
쓸쓸한 그 뒷모습에 봄꽃이 필 것 같다

# 장재원

수산봉이 나를 불러
백약이오름
아버지가 따라와서
빛나라, 황사
불래佛來 오름

## 수산봉水山峰이 나를 불러

산도 가파른지 숨을 헉헉 거린다
바람결 구름결을 정상에 올려놓고
수산봉 아랫도리에 눈물샘 터뜨린다

섬의 4월 바람은 그냥 가지 않는다
애월 저수지에 잠시 잠깐 머뭇대다가
팽팽히 힘줄 당기듯 파문 몇 개 놓고 간다

말테우리 삼촌은 여태 산을 헤매나
집 나간 그 말처럼 떠도는 구름송이
수천 평 말 울음소리 메아리로 남은 봄

# 백약百藥이오름

멀리서 바라보면 외뿔로 솟은 오름
그 곁에 오순도순 좌보미오름 거느리고
백가지 약초 있다는 그 오름에 내가 왔다

이순의 길목에선 관절도 삐걱인다
아내를 집에 두고 혼자 나선 산행 길
수천 평 분화구 따라 약초 찾아 나선다

여기 있다 꿔엉 꿩 저기 있다 꿔엉 꿩
아내 몸에 좋은 풀을 나는 다 안다는 듯
오늘은 꽃을 바치듯 그 약을 바쳐 볼까

# 아버지가 따라와서

한천이 흐르다가 끊고 간 여백 같은
천여 평 저 하천변 꿩 혼자 사나 보다
때로는 그리움마저 창틀에 매어단다

내 성이 장 씨라서 별명도 장꿩이다
난생처음 내 손으로 새집을 장만했다고
저렇게 먼 길 찾아와 고맙다는 건 아닐까

안다 안다 다 안다 말 안 해도 다 안다
얼마나 대견했으면 이승에 오셨을까
오늘은 그 산소에 가 오메기술 올리고 싶다

# 빛나라, 황사

황사가 없는 날은 노을도 보지 말자
오름을 올랐다가 놓고 오는 다 저녁
산방산 어느 한 자락 그마저 보지 말자

산은 적막에 지고 적막은 산에 진다
저 산에 무덤 하나 여태 남은 꽃향유
반세기 저물어가도 떠나지를 않는다

땅 한 평 없었는데 돌아가시니 한 평 땅
새소리 휴대폰 소리 하늘 끝 저 그리움
아버지 나의 아버지 황사여 빛나시라

# 불래佛來 오름

오름은 제 스스로 이름 갖지 않는다
한라산 남녘기슭 터를 잡은 존자암도
그것을 몰라 왔겠나 그냥 넙죽 앉은 거지

앉아보니 여기다 여기다 싶은 게다
암, 그렇지,
그렇고말고, 여기가 어디라고
물 건너 발타라존자 그도 그렇게 왔을 테지

볼레는 보리수 열매, 그의 입술 닮았다
한 때는 거기 물들어 사랑을 걸어놨다
막막한 기다림일 뿐 깨닫지를 못하겠다

# 조영자

바다, 그 지랄 같은
웡이자랑
도깨비바늘
제비꽃 시인
몸살 난 바다

# 바다, 그 지랄 같은

강정 바다 불빛들은
한눈에 척, 봐도 안다

해군기지 등쌀에
쫓겨날 때 꺼진 불빛

열세 살
애기해녀의
숨비소리도 따라왔다.

지랄 같은 삼양바다
여기까지 따라온

환장할 저 불빛들
자맥질로 퍼담아

이 저녁
어느 불턱에
별자리로
피어난다

# 웡이자랑

자랑자랑 웡이자랑 잘도 잔다 웡이자랑

애기구덕 흔들다가
삼양바다 흔들다가

그 바다 어느 모퉁이 한 남자가 걸어온다.

자랑자랑 웡이자랑 우리 애기 웡이자랑

한 손으로 흔들다가
원당봉을 흔들다가

그 오름 어느 모퉁이 한 남자가 걸어온다.

## 도깨비바늘

네 생각 떨쳐내고 겨우 맞은 가을밤

어쩌자고 귀뚜리가 자꾸만 따라와서

기어이 달을 올리고

내 옷섶에 붙는다.

# 제비꽃 시인

삼양포구 썰물이면 밀려오는 사람있네
운전대로 먹고 살다
그 운전대 놓쳐버린
신제주
한 귀퉁이에
월셋방 제비꽃 시인

가마우지 서너 마리 자맥질하는 어느 오후
세상은 외모 순이라
박박 우기는 어느 시인
허허허,
넉살도 좋은
한 사람이 환하네.

# 몸살 난 바다

조금 무렵 삼양 바다는
온종일 몸살이다

하루는 응급실로
하루는 중환자실로

한사코
나를 따르는
어머니 저, 숨비소리

# 정드리 소시집

## 장영심



장영심 고단한 어머니의 삶을 거부한 그녀, 문득 그녀를 닮아 있는 나를 발견하다 — 나의 목소리로 불러 보는 3장 6구의 봄의 노래

이정환 바다나던 밤을 건너온 허기진 세월

# 어느 아침

오늘따라 홀리는 우리동네 생활정보지
출근 하자마자 책상 위에 펼쳐본다
척하니 오늘의 운세 살며시 읽어본다

63년생 토끼띠 "계약하면 대길 운세"
2층 단독주택 급매 신구간 입주 가능
홀서빙 아줌마 구함 3~40대 대환영

이 회의 저 회의 불시에 불려다니고
이런 민원 저런 민원 시도 없이 쏟아지지만
마음은 콩밭에 앉아 등기권리증 매만진다

# 외갓집

담장 호박 넝쿨이 서너 송이 꽃을 물고
외갓집 초저녁의 별자리처럼 건너간다
텃밭과 마당의 경계 말끔히 지워진다

연못에 가라앉은 그림자 건지려는 듯
고양이 한 마리가 앞발 슬쩍 내민다
웅크린 파문 몇 장이
활처럼 팽팽해진다

## 장미고집

초하루 철쭉들도 절에 가는 길일까
연분홍 모자 쓰고 양초도 한 봉지 들고
대보사 찾아가는 길 새 소리가 앞장선다

보목마을 휘돌면 비구니 독경소리
배고픈 다리 건너와 절마당에 깔리네
돌탑은 백년을 넘어 무슨 불공 드릴끼

몸 굽혀 마음 다해 양초를 켜 올린다
넌출넌출 내 딸년 장미고집 꺾기 위해
불전에 뇌물 바치듯 머리를 조아린다

# 말라게

꽃샘추위 탓인가 치통도 함께 왔다
모전여전 어머니 이도 내 이도 헐렁헐렁
이른 봄 금을 준대도 세상만사 귀찮다

'곧 죽어도 자식 돈으로 틀니는 안 허는 거여'
'이 박으면 그 이로 자식을 씹는 거여'
말라게, 정말 말라게 이빨 만은 말라게

# 동복 바다 1

동복 바다 노을은 갈짓자로 찾아온다
팔순 어머니가 해조음 끌고 오면
등 뒤에 자리젓 냄새 허기진 세월이 있다

저녁 밥상머리에 올라온 별빛 몇 개
게 떼에게 발겨진 고등어 가시처럼
몇 순갈 그리움마저 바닥나던 밤이 있다

# 고단한 어머니의 삶을 거부한 그녀, 문득 그녀를 닮아 있는 나를 발견하다

## — 나의 목소리로 불러보는 3장 6구의 봄의 노래

장영심

앞으로 2년 후 정년퇴직을 앞두고 있으니, 공직생활 34년 안전한 항해는 돛을 내릴 때가 다가오고 있다.

여고 시절 문학에 대한 갈망은 아쉽게도 혼자만의 짝사랑으로 끝나버렸다. 청춘은 그렇게 직장과 결혼과 육아에 올곧게 전념하며 세월을 삭이고 있었다. 바쁘게 일하면서도 틈틈이 여가를 활용해 문학의 끈을 놓지 않으려 발버둥 쳤다.

시에 대한 목마름은 풀리는가 했다. 2010년 방송통신대학교 국어국문학과에 편입하면서였을까. 같은 목적을 위해 모인 문학 동아리 활동 등이 다양하게 있었지만, 결국은 습작과 자작을 통한 혼자만의 싸움이 시작되었다.

독자들에게 작품 하나를 선보이기 위해서 수많은 불

면의 밤을 밝혀야 하는지 그때 알았다. 끝없는 어둠의 터널을 언제 통과할지도 몰라 공포와 좌절의 순간도, 절망의 바닥까지 내려가 보는 용기도 필요하다는 것도 알았다. 이런저런 것들이 나에게는 에너지이자 자양분이 된 것은 한참 후에야 깨달았다.

어머니의 울음 같은 '제주'를 눈으로 보고 몸으로 익혀 삶으로 체화된 것을 오롯이 표현하고 싶었다.

9살 때 4·3으로 돌아가신 할아버지 넋을 기리기 위해 할머니와 할망당에 오가던 많은 기억들, 제사상에 올릴 고사리를 정성스럽게 꺾던 어머니 모습들, 해가 지도록 밭에서, 바다에서 거친 삶을 책임지는 어머니의 한숨을 노래로 들으며 살았다.

아흔일곱의 연세에도 아라동 요양원에 파킨슨병으로 누워계신 시어머니를 수줍은 총각처럼 꽃단장하고 지금도 자식들에게 번호순대로 차를 대기시켜 호령하듯 데이트 다니시는 시아버지가 존경스럽다.

마음대로 안 되는 게 자식 농사라 했던가? 넌출 넌출 내 딸년 장미고집 꺾기 위해 불전에 뇌물을 수없이 바치기도 했다. 33년이 훌쩍 뛰어넘는 직장생활에서의 애환은 없었을까? 결혼생활 내내 속에만 담아두었던 가슴 아픈 가정사는 없었을까?

제주의 거칠고 질펀한 정서를 시집 '자작자작 익는 겨울'에 고스란히 담아 제주의 힘과 삶을 촘촘하게 그

려내고자 했다.

70년 전 제주 땅에 무고한 양민들이 희생당한 제주 4·3을 노래하기도 했고, 제주 해녀들의 삶의 희로애락을 녹여내기도 했으며, 상군해녀였던 어머니의 생애가 제주 4·3과 잇닿으며 내밀한 가족사, 일상의 소소한 사연, 제주의 고단한 역사 등을 사유의 시어로 담아내고자 노력했다.

뒤돌아보니 제주에서 태어나 무심히 제주를 노래해 왔다. 시조는 한국 고유의 리듬과 정서를 담은 한민족의 자긍심과 자존심의 도구이기에 '제주의 자연과 사람'에 대해 따뜻한 애정으로 빚어낸 작품들이 오래오래 읽히는 작품으로 남고 싶다.

고향 제주를 말하지만 직접적인 표현이 아닌 타인의 체험이나 자각을 통해서도 삶의 지혜에 귀를 기울이고 싶다. 고즈넉한 동네를 거닐며 이웃들의 살아가는 모습이거나 일상도 담아 시로 노래하려 한다.

늦은 봄 오수에 겨워 하품하듯 벙근 함박꽃처럼 그 향기와 아름다움이 영원할, 그런 시를 터트리고 싶은 욕심은 과함일까? 이제 울음은 활기찬 봄노래 부르며 그 길을 가련다.

장영심론

# 바닥나던 밤을 건너온 허기진 세월

이정환(시인)

장영심의 시조 5편을 살핀다. 글은 그 사람의 다른 모습이다. 초상이다. 현재 가장 관심이 있는 대상이나 정황을 표현하기 때문이다. 장영심도 예외가 아니다. 그의 시편에는'바닥나던 밤을 건너온 허기진 세월'이 산견된다. 먼저 「어느 아침」을 보자.

> 오늘따라 홀리는 우리 동네 생활정보지/출근 하자마자 책상 위에 펼쳐본다/척하니 오늘의 운세 살며시 읽어본다//'63 년생 토끼띠 계약하면 대길 운세'/2층 단독주택 급매 신구간 입주 가능/홀 서빙 아줌마 구함 3~40 대 대환영//이 회의 저 회의 불시에 불려다니고/이런 민원 저런 민원 시도 없이 쏟아지지만/마음은 콩밭에 앉아 등기권리증 매만진다 —「어느 아침」 전문

'오늘따라 홀리는 우리 동네 생활정보지/출근하자마자 책상 위에 펼쳐' 보면서 '척하니 오늘의 운세 살며시 읽'는다. 오늘의 운세가 꼭 맞아떨어지는 것은 아니겠

지만, 살펴보는 일도 흥미로울 수가 있다. 그곳에 '63년생 토끼띠 계약하면 대길 운세'를 읽는다. 물론 이 운세를 신뢰할 수는 없겠다. 그리고 '2층 단독주택 급매 신구간 입주 가능/홀 서빙 아줌마 구함 3~40대 대환영'이라는 광고도 눈여겨본다. 일터인 만큼 '이 회의 저 회의 불시에 불려 다니고/ 이런 민원 저런 민원 시도 없이 쏟아지'는데 화자의'마음은 콩밭에 앉아'서'등기권리증'을 매만지고 있다. 이 모든 일은 어느 아침의 일상이다. 「어느 아침」은 이러한 내용을 담고 있다.

그런데 제주의 신구간은 신들이 여행을 떠나 인간들이 자유롭게 행동하는 기간이다. 이때 이사를 하고 집을 손보고 신들 눈치를 보며 조심하던 일들을 이때 재빨리 해치운다. 화자도 아마 이사를 해볼 요량인가 보다. 등기권리증을 매만지며 더 좋은 집을 알아보는 중이다. 생활정보지에서 가장 눈에 띄는 것이 매매계약에 대한 소식이다. 운세도 그렇고 부동산 면도 그렇고 당장 눈앞에 있는 직업상 일보다 신구간이 오기 전에 해결하고 싶은 게 있기 때문이다. 하필 운세에 계약하면 대길이라 했으니 등기권리증을 갈아치울 절호의 찬스이기도 하다. 급매로 나온 물건도 있고. 그 집을 사고 나면 한시적으로 부업을 해야 할 텐데 화자는 63년생, 대환영하는 홀서빙 나이는 3~40대이다. 그렇다. 몸도 마음도 나이를 뛰어넘어 모든 걸 잘할 자신이 있는데 결국 사회에서는 뒤로 밀리는 신세가 되어 버렸다. 나이는 숫자에 불과하다는 말은 그저 위로받기 위하여 하는 말일뿐. 그러나 어찌할 것인가 직업상 하는 일도 일이지만 요즘의 관심사는 부동산, 그 정보에 시선을 빼앗겨 그 아침에는 마음이 콩밭에 가 있는 것을.

> 담장 호박 넝쿨이 서너 송이 꽃을 물고/외갓집 초저녁의 별자리처럼 건너간다/텃밭과 마당의 경계 말끔히 지워진다//연못에 가라앉은 그림자 건지려는 듯/고양이 한 마리가 앞발 슬쩍 내민다/웅크린 파문 몇 장이/활처럼 팽팽해진다
> —「외갓집」 전문

「외갓집」은 말 자체만으로도 가슴 뭉클하게 한다. 그 곳은'담장 호박 넝쿨이 서너 송이 꽃을 물고/외갓집 초저녁의 별자리처럼 건너'가고, '텃밭과 마당의 경계 말끔히 지워'지는 곳이다. 또한 '연못에 가라앉은 그림자 건지려는 듯/고양이 한 마리가 앞발 슬쩍 내'미는 정경으로 말미암아 '웅크린 파문 몇 장이/활처럼 팽팽해'지는 곳이다. '외갓집'을 두고 묘사만 하고 감정을 드러내지 않는 수법이다. 한 폭의 수채화 같다. 우리는 이러한 그리움의 정서, 향수를 불러일으키는 정조만으로도 마음의 평안과 안온함을 맛볼 수 있다. 그것으로 족하다 할 것이다.

사실 '호박꽃 외가집 초저녁 별자리 마당 연못 그림자 고양이 파문'은 요즘 아이들에게는 그리 흔하지 않은 풍경의 퍼즐 조각이지만 화자에게는 풍성한 자연의 현실이다. 저 조각들이 제자리에 꼭 맞춰진 다음 느끼는 아름다움을 꺼내다 먹으며 살아간다. 저 풍경을 가만히 들여다보며 느끼고 즐길 줄 아는 것이 시인일 터. 무엇을 보아도 흘려보내지 않고 교감하는 화자의 마음을 엿본다. 어디 그뿐인가 마음에서 잘 버무리고 반죽하여 하나의 빵을 만들었으니 독자들은 맛있게 먹으면

되겠다.

초하루 철쭉들도 절에 가는 길일까/연분홍 모자 쓰고 양초도 한 봉지 들고/대보사 찾아가는 길 새 소리가 앞장선다//보목마을 휘돌면 비구니 독경소리/배고픈 다리 건너와 절마당에 깔리네/돌탑은 백년을 넘어 무슨 불공 드릴까//몸 굽혀 마음 다해 양초를 켜 올린다 /넌출넌출 내 딸년 장미고집 꺾기 위해/불전에 뇌물 바치듯 머리를 조아린다
—「장미고집」 전문

「장미고집」은 '초하루 철쭉들도 절에 가는 길일까 /연분홍 모자 쓰고 양초도 한 봉지 들고/대보사 찾아가는 길 새 소리가 앞장선다'라고 장면을 제시한 후 '보목마을 휘돌면 비구니 독경소리/배고픈 다리 건너와 절마당에 깔리'는 것을 들으면서 '돌탑은 백년을 넘어 무슨 불공 드릴까' 하고 잠시 생각한다. 화자도 돌탑처럼 '몸 굽혀 마음 다해 양초를 켜 올'리고, '넌출넌출 내 딸년 장미고집'을 꺾고자 '불전에 뇌물 바치듯 머리를 조아'리면서 성심을 쏟는다. '딸년 장미고집'이 구체적으로 무엇인지는 알 길 없지만, 화자에게는 절박한 일일 것이다.

꽃샘추위 탓인가 치통도 함께 왔다/모전여전 어머니 이도 내 이도 헐렁헐렁/이른 봄 금을 준대도 세상만사 귀찮다//'곧 죽어도 자식 돈으로 틀니는 안 허는 거여'/'이 박으면 그 이로 자식을 씹는 거여'/말라게, 정말 말라게 이빨만은 말라게 —「말라게」 전문

「말라게」에서 '꽃샘추위 탓인가 치통도 함께 왔다'면

서 '모전여전 어머니 이도 내 이도 헐렁헐렁'이어서 '이른 봄 금을 준대도 세상만사 귀찮'은 지경에 놓인 것을 본다. 둘째 수에서 어머니가 '곧 죽어도 자식 돈으로 틀니는 안 허는 거여'라고 부르짖듯 말하고 있는데 그 까닭은 '이 박으면 그 이로 자식을 씹는 거'라는 인식이 팽배해 있기 때문임을 알게 된다. 그래서 더욱 다잡아서'말라게, 정말 말라게 이빨만은 말라게'라고 외친다. 어머니의 삶의 철학이 남다르다. '말라게'가 세 번씩이나 되풀이 되고 있는 것에 주목해야 할 것이다.

> 동복 바다 노을은 갈짓자로 찾아온다/팔순 어머니가 해조음 끌고 오면/등 뒤에 자리젓 냄새 허기진 세월이 있다//저녁 밥상머리에 올라온 별빛 몇 개/게 떼에게 발겨진 고등어 가시처럼/몇 순갈 그리움마저 바닥나던 밤이 있다
>
> —「동복 바다 1」 전문

「동복 바다 1」의 정경은 애잔하다. '동복 바다 노을은 갈짓자로 찾아'와서 '팔순 어머니가 해조음 끌고 오면/등 뒤에 자리젓 냄새 허기진 세월'이 함께 하고 있음을 감지한다. 그리고 '저녁 밥상머리에 올라온 별빛 몇 개'가 '게 떼에게 발겨진 고등어 가시처럼/몇 순갈 그리움마저 바닥나던 밤이 있다'라는 나지막한 진술은 애틋하여 가슴에 저미어 든다. 이번 다섯 편 가운데 「동복 바다 1」의 둘째 수가 가장 인상적이다. 밀도 높은 육화로 시 읽는 맛을 더하고 있다. 시인이 지향할 바 정신적 수맥을 이 둘째 수가 일러주고 있는 듯하다.

'바닥나던 밤을 건너온 허기진 세월'이 거기에 오롯이 묻어 있기 때문이다.

시인 인터뷰

# 정인수 시인을 만나다

조영자

# 정인수의 삶과 문학

조영자

## 시상점지설詩想點指說

### 1. 서

바람은
돌을 품고 입술 깨무는 비바리의
치마폭에서 울고,

돌맹이 바람 맞으며
비바릴 지키는데,

비바린 바람 마시며
돌처럼 버텨 산다.

2. 바람

바람이 파도 끝에
파아란
불
켜
기어올라,

소라 속
뒤틀린 세상
비비 틀어 올리다가,

얽어맨
노란 띠 지붕 감돌아
밀감 잎에 스민다.

3. 돌맹이

포구로 돌아와보면
고향은 언제나 타향인데,

반기는
어정쩡한 표정들 있어
아아, 굽어보면,

맨발로 짓무르던 유년
피어나는
미소들…….

4. 비바리

정일랑 돌 틈에 묻고
돌아서면 시퍼런
작살,

쌍돛대
하늘을 박차
태양을 밀어붙이며

망사리 두툼한 무게만큼
부풀어 오르는
가슴.
—「삼다도」 전문

이 작품은 1974년 한국문학 신인상 시조부문 당선작이다. 그러니까 정인수 선생님은 제주 시조시인 1호이며, 이 작품은 제주땅에서 최초로 빚어진 현대시조라 할 수 있다.

"내가 이 작품을 쓴 것은 서귀농고에서 교편을 잡고 있던 1974년 어느 날, 문득 아침잠에서 깼는데 1시간 만에 저절로 빚어졌어. 나는 자유시만 줄곧 써왔는데 전혀 시조라는 인식도 안하고 썼는데 현대시조의 율격에 그대로 맞아떨어졌을 뿐이야." 그야말로 정인수 선생님께서 늘상 말씀하시는 '시상점지설詩想點指說' 그 자체라고 할 수 있다.

'봄'과 '비'가 어우러진 4월의 어느 날, 오승철 시인과 함께 제주시 삼양동의 정인수 선생님 댁을 찾았다. 안부 인사도 드릴 겸 선생님의 삶과 문학을 살펴보기 위함이다.

아파트 5층 베란다 너머로 삼양바다가 마당처럼 와 안긴다. 오승철 시인은 "선생님 참 부자시네요. 저 바다가 몇 평이나 될 것 같습니까? 하며 특유의 너스레를

떨었다. 새도 나뭇가지에 앉을 때는 고향 가까운 남쪽 가지에 둥지를 튼다고 했던가. 고향 상도리와 일터 제주시 사이, 여기 삼양바다 동네에 정착하신지는 몇 년 되셨냐고 물었더니, 30년 세월이란다.

사모님이 내오신 찻잔에 따뜻한 정성과 함께 주마등 같은 세월이 동동 떠 흘렀다. 문득 탁자 유리를 보니 시인의 집에 그럴듯한 시 한편도 아니고 버스시간표가 놓여 있다. "자가용 차량은 이미 10년 전부터 자전거로 바꿨어. 다소 불편하긴 하지만, 이게 건강에도 좋고 편해. 시는 탁자에 붙여놓지 않아도 언젠가 '퉁'하고 점지될 때 받아내면 되는 거지 뭐"

- 선생님의 유년 시절은 어땠나요?

제주의 어르신 중에는 일본 오사카 태생이 많다. 해방을 전후하여 돈 벌러 갔거나, 징용당했거나 여러 가지 사정으로 일본에 건너갔던 사람들이 자녀들을 데리고 고향 제주로 돌아온 것이다. 나도 그랬다. 1940년 일본 오사카에서 아버지 정춘종鄭春鍾 어머니 한춘생韓春生 사이에 5남매 중 넷째로 태어났다. 해방 직전, 내 나이 네 살 때 아버지의 고향으로 돌아왔다. 세화국민학교 2학년 때 4·3을 맞았다. 당시 전매서장이던 아버지는 어머니와 외가인 성산포로 피난을 갔다. 그렇지만 나는 무슨 연유인지 부모님과 떨어져 할머니와 자랐다.

부모님 만나러 성산포로 가고 오는 길에 오조리와 시흥리 마을이 불타는 걸 목격하기도 했다. 그게 나의 4·3이었다.

- 문청시절은 어땠나요?

나에게 문학의 씨앗은 중학생 때 심어졌다고 볼 수 있을 것이다.

중학교 2학년 때 큰 누나 친구인 고덕희 선생님이 세화중학교 국어선생님으로 오셨다. 하루는 작문숙제를 냈는데 뽑힌 작품 중에 나의 시가 들어 있었다. 아마 친구 동생이라 봐준 것 같다. 그걸 기회로 문예반 활동을 하며, 시인의 꿈을 품게 되었다. 세화고등학교로 진학한 다음에는 문예반장도 지냈다.

1958년 오용수 시인과 프린트판 2인 시집 『풍란』을 발간했고,

이듬해에는 김대현, 이근, 부택훈, 오용수와 함께 동인지 『문주란』을 펴냈다.

하지만, 대학은 그의 꿈과는 거리가 먼 제주대학교 농과대로 진학하게 된다.

밭도 없는데 농사를 지으라는 아버지의 권유에 따른 것이다. 농업관련 강의를 들어봐도 그쪽엔 영 마음이 가질 않았다. 그러던 중에 무근성 간장공장 자리에 제주대 국문과 야간부가 개설되었고, 우연히 문학 강의를 도강하게 되었다. 문덕수 교수 강의였는데 귀에 쏙

쏙 들어왔다. 그렇게 도강하다 어느 날 불쑥 치기어린 질문을 했던 기억이 난다. 당시 문 교수가 누구냐 물으시기에 농대 정인수라고 당돌하게 말했더니 도강한 것이 탄로났다. 그때 써놓은 작품이 있으면 집으로 가지고 찾아오라 했다. 그런 일이 있은 후 아예 국문과로 전과를 해버렸고 3학년 때는 국문학과 회장을 맡았다.

- 대학시절은 어떻게 보냈나요?

나에게 대학시절은 문학에 미친 날들이었다. 어느 날 제주대학교가 주최한 한글날 기념 백일장에서 대학·일반부 시 부문에 입상을 차지했다. 그걸 계기로 1961년 서귀포에는 '절벽 동인'이 탄생한다. 당시 회원은 김태국 박성원 강대화 정인수 오성찬 오옥단 등 여섯 명이었다. 우리는 '문학의 밤', '시화전' 등의 다양한 행사를 마련했는데 자리가 모자랄 정도로 문학에 관한 서귀포 시민들의 관심이 뜨거웠다. 한 가지 아쉬운 점은 동인지를 펴내지 못한 것이라고 할 수 있다. 서귀포에는 '절

벽' 문학 동인의 뒤를 이어 '정방'-'글터'-'섬돌'동인들이 대를 이으면서 서귀포 문학, 더 나아가 제주문학의 버팀목이 되었다.

대학을 졸업도 하기 전에 남주고등학교 전임강사로 근무하다 삶에 회의를 느껴 스스로 머리를 깎기도 했다. 부산 동래구에 있는 범어사에 들어가 2년을 머물렀다. 영장이 나오는 바람에 군 입대를 해야 했다.

- 제주 시조시인 1호로 제주시조문학의 개척자인데요?

그렇게 되었는가. 사실 나는 태생적으로 문학을 할 수 밖에 없었다.

당선작 〈삼다도〉는 시조로 쓰려고 한 게 아니고 저절로 시조가 된 거다. 제주의 정서가 시조와 맞아떨어진 거다. 이 작품을 쓸 때는 시조라는 생각을 하지 않았다. 자유시를 쓰다 그냥 자연스럽게 시조가 된 거다.

정말 「삼다도」는 누구도 넘볼 수 없는 걸출한 작품입

니다. 좋은 시로 제주시조문학의 초석을 다진 것은 큰 기쁨이요, 축복이라고 생각합니다. 그러면 당시 한국문학 신인상에 응모할 때 함께 보낸 작품을 소개해 주십시오.

아, 그때 아마 「서귀포 3제」를 같이 보낸 것 같은데 작품은 이렇다.

1. 천지연

폭포는
옥황상제의 목소리로 하늘을 가르고

몰래 온
꽃 선녀들
흰 가슴 씻던 못물엔

그 때의 한숨만 남아
잔잔히 퍼져가는
파장….

2. 밀감

한라산 치마폭에
볼 부비며 안긴 재롱둥이

밤에는 등불 꺼도
환히 밝힌 골목길을

지금도
눈빛 고운 처녀

부끄럼 타는
두
볼.

3. 해녀

해녀는
물속에서만 눈을 뜨고 입을 연다.

남몰래 옷을 벗어
모든 것을 내맡겨도

오히려 못 믿을 곳은
휘파람
저
너머
세상.

예, 역시 당선작 못지않게 감동을 선사하는 작품이라고 생각합니다.

- 연극도 하신 걸로 알고 있는데 어떤 계기가 있었는지요?

고등학교 다닐 때 문예반 활동과 더불어 학교 예술제 때 조연으로 활동한 적이 있다.

그 이후 각본도 쓰고 연출도 하고 그러다 연극협회 회장을 맡기도 했다. 예총회장을 맡았을 때는 당시 도지사로 재직하던 이승택 지사를 만나 격년으로 개최되

던 한라문화제를 격년으로 치르면 의미가 없다며 연례 행사로 치르자고 설득하여 지금까지 이어지고 있다.

1992년~1993년 제주문인협회 회장을 맡기도 했으며, 제주문학상도 받았다.

- 사모님과 처음 만났을 때 얘기 좀 들려주실 수 있으신지요?

구좌읍 상도리 4H구락부 연극지도를 하다 만났다. 제목이 '다시 피는 꽃'이고, 내가 각본 연출 남자 주인공까지 1인 3역을 맡았지. 그때 여주인공이 집사람이다. 오빠와 누이동생 역이었다.

결혼은 중매로 했다. 아버님께 이 마을에서 찾는다면 김구자 밖엔 없다고 했더니 중간에 매파를 넣어 이루어지게 됐다.

그때 연극이 끝나고 찍은 사진을 보여주시는데, 필연처럼 선생님과 사모님이 나란히 앉아계셨다. 서로를 마음에 품고 있었으니 연애결혼을 한 게 아니냐는 물음에 맞다고 웃으신다.

- 사모님께서는 살면서 가장 행복하다고 느낀 게 언제였나요?

한 치의 망설임도 없이 지금이다. 늙어가는 모습을 보며 안쓰러운 마음이 앞선다.

7남매 중 둘째로 태어나 아는 것이라곤 보리 메밀 산디 등 밭농사나 짓고 물질은 국민학교 졸업하고 13살부터 18살 때까지 배웠다. 다들 상군해녀가 될 거라고 부러워했는데 남편의 직장 따라 살다보니 물질은 자연스레 멀어지게 되었다. 지금도 못내 아쉽다. 삼남매를 낳고 살면서도 남편이 늘 어려웠다. 그동안 우여곡절이 많았지만 금혼식도 치르고 끝까지 한 생을 같이 할 수 있어서 행복하다.

- 선생님의 요즘 근황은 어떠신지요?

요즘의 하루 일과는 주로 TV를 벗삼아 영화도 보고 책을 보면서 소일한다. 얼마전에 방영되었던 남북한 청춘남녀의 사랑을 그린 드라마 〈사랑의 불시착〉을 관심있게 보았다. 일주일에 한 번쯤 일광욕 겸 바깥에 나가기도 하고 그런다.

- 후배들에게 남기고 싶은 얘기가 있으면 한 마디 부탁드립니다.

'시상점지설'에 대해 말하고 싶다. 시를 쓸 수 있는 자질을 가진 사람이 마음 속에 시상이 있다 밖으로 터져 나오는 게 시다. 머리로 짜내는 것은 시가 될 수 없다.

「삼다도」가 꿈결처럼 왔듯이 다시 한 번 그런 작품을 쓸 수 있다면 하는 물음에 그냥 슬쩍 웃음으로 답하신다. 선생님과 이야기를 나누고 나오니 어느새 비가 그쳤다.

저는 평소 선생님 작품들 중에 「성산포 사모곡」을 좋아합니다.

사랑이 날 낳으시듯
부챗살 편 아침 놀.

아픔의 빛깔이란
애초부터 눈부신 것.

일출봉
허리에 슬리는 숱한
어둠의
포말들….

수평선이 높아만 보이는
우뭇개 동산에 서서

아침마다 목쉰 소리로
손짓해 불렀다.

날마다 수마밑에 나가
개헤엄을 배웠다.

조약돌 쥐어뜯던
고사리 손 마디는 굵어,

아들딸 아내 데리고
이 물가에 다시 서니.

소복한 고운 모습 돌아올
빈 주낙배
한
척….
—「성산포 사모곡」 전문

남성적이고 굵은 톤으로 제주의 풍광과 역사와 문학을 아우르는 힘은 한국문단에 새로운 유형의 작품으로 평가받고 있습니다. 그런데 그 젊은 시절에 벌써 예감이 있었던 걸까. 일주일에 한 번 정도 바깥 볕을 쬐러 나갈 운명이란 걸. 굵은 손마디로 아내와 함께 돌아온 노 시인의 '빈 주낙배 한 척'이 괜시리 마음 찡하다.

아내를 위한 단장 중「퇴근길」에 관해서도 얘기를 들려주세요.

퇴근길 매운 바람
쓰르렁 우는 머리카락.

어두워 눈심지 돋우고
질척이며 걷는 골목.

어느새 가난이 불 밝힌
호젓한 아내의 뜨락……

깍두기 된장찌갠
사砂접시와 뚝배기에,

놋대접 숭늉 든 손
다소곳한 밥상머리,

베시시 웃는 네 모습 외려
아랫목보다 따숩다.
—「아내를 위한 斷章 - 퇴근길」 전문

마치 잘 그려진 수채화 한 폭을 보는 것 같다. 칼바람 부는 어느 겨울날 시린 발 끌며 일터에서 돌아오니 따끈한 된장찌개와 함께 아내가 기다리고 있다. 다소곳이 밥상머리에 앉아 구수한 숭늉 대접을 들고 배시시 웃는 아내의 모습에 그 누군들 언 발이 녹지 않을까.

사모님께서는 3남매를 낳고 살면서도 남편이 늘, 어려웠다고 하신다. 어쩌면 선생님 특유의 카랑카랑하시고 올곧은 성품이 아내마저도 그렇게 느끼게 한 건 아닐까 싶다. 하지만 13편까지 연작시로 이어지는 아내를 소재로 한 작품을 보면 선생님의 순수한 마음이 잘 나타나 있다.

평생 한 사람만을 위해 사는 법을 / 아내에게서 배운다(아내를 위한 단장-한사람만을 위하여 중에서)

오승철 정완영 정인수

내가 아내를 잘못 만난 시절은 가고 / 아내가 나를 잘못 만난 시절만이 다가서고 있는데 // 용서하는 법, 용서하는 법을 다시 / 아내에게서 배운다.(아내를 위한 단장-인연 중에서)

선생님과는 같은 아파트에서 근 30년째 살고 있다. 90년대 초에는 제주시내 여자고등학교에서 직장 동료로 만나 몇 년간 같이 근무한 적도 있다. 정말 평생 한 사람만을 사랑하며 사는 법을 나 역시 사모님에게서 배운다.

이쯤에서 오승철 시인과 정인수 시인과의 인연을 짚어보자.

두 분은 오 시인이 서귀농고 재학시절 스승과 제자로 만났다. 국어를 가르쳤던 선생님에게 시를 배웠다.

1981년 동아일보 신춘문예에 당선된 오 시인이 당선인사를 하면서 넙죽 큰절을 드리니 선생님께서는 작품을 하려면 서울로 가라는 말씀을 하셨단다. 경험상 중앙문단과의 교류 없이 섬에 살면서 작품을 한다는 것에 대한 한계를 느끼셨음일 터이다. 물론 지금이야 호랑이 담배 필적 같은 까마득한 이야기이지만.

이제는 문학동지가 되어 같이 가는 사이가 되었다며, 선생님의 DNA가 흐르고 있어 많은 영향을 받고 있음을 고백하는 오승철 시인이다.

가끔 원당봉에 오를 때면 정상에 시비로 세워진 선생님의 「새천년의 시」를 꼭 읽고 내려온단다. 역시 그 선생에 그 제자라는 생각이다.

선생님과 이야기를 나누고 나오면서 삼양바다에 이렇게 기원해 본다. 부디 다시 한 번 선생님께 '시상점지설'이 찾아와 생애 마지막 같은 걸출한 작품 한 편이 탄생되기를.

# 정드리 창에 비친 좋은 시조

김영숙　발가락 낙관
김진희　견고한 잠
박성민　칠칠七七 – 풍설야귀도風雪夜歸圖
송인영　'바게뜨'라는 이름의 그대
양희영　철새는 날아가고
용창선　9회 말 투아웃 2사 만루
우은숙　돌의 맥박
이숙경　붉은오름
정수자　사막풀
정옥선　눈물도 늙어

# 발가락 낙관

김영숙

볕 좋은 주말 아침 운동화를 빠는데
물에 불린 깔창 두 장 비누칠하다 보니
과묵한 열 개의 눈이 나를 빤히 보지 뭐야

아무 일, 아무 일 없다고 모닝 키스 해놓고선
구조조정 그까짓 것 아무것도 아니라고
나 믿지, 큰소리치며 출근 인사해놓고선

몇 번이나 참을 忍자 마음에 새겼으면
이 깊은 동굴에 와 낙관을 찍었을까
지렁이 울음소리로 혼자 눈물 삼켰을까

제 철 조기 찌개 끓여 한라산 올린 밥상
못하는 술이라도 한두 잔 부딪히자
낮술의 힘을 빌어서 고백할까 당신 최고!

— 시집 『발가락 낙관』(2019, 글상걸상)

---

김영숙 2006년 〈시선〉 신인상, 시집 『발가락 낙관』

## 시작 노트

주말이면 네 켤레씩 운동화를 빨던 시절이 있었다. 사십 이전엔 남편 운동화가 더러우면 한소끔 화가 올라왔다. 깨끗이 신지 못하냐고 눈을 흘겼다. 오십 줄이 넘어 깔창에 박힌 열 발가락 자국이 눈물로 보였다. 코끝이 찡했다. 새벽별 보며 출근하고 달을 등에 업고 돌아오는 가장의 어깨에 가끔 미안함이 무동을 탔다. 이게 눈물만이겠는가? 들어오는 길에 집 앞 놀이터에 앉아 하루의 오만 감정들을 버리고 한 번 씨익 웃는 연습을 하고 초인종을 누르는 검지의  지문일지도. 이게 우리 집 만의 일이겠는가. 이 시대를 살아가는 평범한 가장들의 이야기일 것이다.

하루하루 낙관을 찍으며 살아가는 사람들은 아름답다

귤 따는 일을 도와주는 동네 삼촌들께 하루 품삯을 드린다. 허리에 찬 전대에 넣으며 "이거 모아서 대학가는 손자 등록금 줘야주" 하시며 허리에 찬 전대를 한 번 탁 치신다. 지는 해가 얼굴 가득 번져 주름이 꽃처럼 핀다. 어쩌면 기쁜 마음으로 살아가는 사람들의 삶은 어느 예술작품 못지않은 아름다움을 가졌다. 그들의 하루하루는 낙관을 찍어 마무리하는 하나의 작품이다. 그 작품을 보는 나도 행복하다.

# 견고한 잠

김진희

면사무소 휘휘 돌아 납작한 외딴집에
십육 세 시집와서 칠십 년 산 큰 어머니
구십도 꺾인 허리를 땅속에서 펴신다

그날 그 후, 아래채도 무릎 꺾여 쓰러졌다
탄발이 후둑후둑 쏟아지는 한밤중에
한 잠도 못 잔 담벽이 포격에 무너졌다

몸보다 허한 마음 서둘러 찾아가는
내 안의 정류장엔 기다릴 사람 없어라
빛바랜 가족사진이 소리 없이 웃는다

빈집의 앞마당에 견고한 잠이 뻗어
눈을 뜨다 감았다가 꽃잎이 흐드러지고
낭자한 풀벌레 소리 그도 주인 찾는가

— 〈시와소금〉(2019, 겨울호)

---

김진희 1997년 〈경남신문〉 신춘문예 당선, 시조집 『내 마음의 낙관』, 시조선집 『슬픔의 안쪽』, 경남시조문학상, 성파시조문학상 수상, 현 한국문인협회 이사, 경남시조시인협회장 역임

시작 노트

"질부야, 왔나? 어서 오이라."

갈 때 인사 한번 듣고 나면 평소 좀체 말씀이라곤 없으신 큰어머니

경남 함안군 법수면 황사리 섬마을은 큰아버지 내외분이 사신 곳이다.

이웃도 없이 외딴집에서 눈 뜨면 이 논에서 저 밭으로 소, 돼지, 개 먹이 주고 풀과 같이 살다 잡초처럼 홀연히 가셨다.

가정 사정에 의해 작은 집(남편) 식구와 한 집에 살면서 차별 없이 당신 자식처럼 건사하셨다. 때문에 시어머니 모시듯 큰집 행사에 나도 며느리처럼 해야 했다.

갓 찧은 쌀, 콩, 푸성귀들을 챙겨주시던 큰어머니는 농사일이 힘든지 굽은 허리는 점점 땅과 수평으로 되어가고 끝내 돌아가시면서 그 허리를 펴신 것이다. 몇 년 후, 큰집 아래채가 간밤에 폭우로 폭삭 무너진 것을 보았다.

주인 잃은 집이며 밭, 논, 들판, 나무들은 하나씩 빛을 잃어가고 큰집은 곤곤한 잠에 빠져들었다. 이제 찾아가도 반길 이 없는 황사리 섬마을은 주인 잃은 객의 울음소리만 낭자할 뿐이다.

# 칠칠七七*

— 풍설야귀도風雪夜歸圖

박성민

생몰연대 미상의 눈발이 흩날린다
울고 간 누군가의 발자국을 더듬으며
온몸을 쥐어짜 긋는
허기의 일필휘지

한쪽 눈 찌르고 안경알을 빼버리면
북녘의 바람도 칠칠七七*
두 마리 새도 칠칠七七
계곡의 입술을 떠난 휘파람이 날아온다

여태 마신 술보다 흘린 술이 더 많았나
덜 취한 세상의 눈길은 더 춥구나
먹물을 쏟아 부은 밤
시퍼런 달이 뜬다

* 조선 후기 화가 최북崔北 1712~1786?의 자字

— 〈광주전남시조문학〉(2019, 제18집)

박성민 2002년 〈전남일보〉 신춘문예 시 당선, 2009년 〈서울신문〉 신춘문예 시조 당선, 시집 『쌍봉낙타의 꿈』, 『숲을 金으로 읽다』, 가람시조문학 신인상, 오늘의시조시인상 수상

## 시작 노트

최북의 자字, 칠칠七七은 이름 북北자를 둘로 나누어 파자한 것이다. 흔히 자기 귀를 자른 빈센트 반 고흐의 조선판으로 거론되지만 신경이 쇠약증에 시달리며 고갱과의 불화로 귀를 자른 고흐를, 세상 자체와 불화한 최북에 비교해서는 안 되리라. 권력자가 그림을 그려달라고 협박하자 "차라리 내 자신을 자해할망정 남에게 구속받지 않겠다."고 필통에서 송곳을 꺼내 스스로 한 눈을 찔러 멀게 한 화가, 금강산 구룡폭포를 내려다보며 "명인은 명산에서 죽어야 한다."고 뛰어내렸다가 나뭇가지에 걸려 겨우 목숨을 부지한 최북. 당시 김홍도처럼 도화서에 들어가서 그림을 그리면 돈과 벼슬이 보장되었지만, 단칼에 거부하고 가진 것 하나 없이 떠돌다 죽은 최북. 열흘 굶다가 그림 하나 겨우 팔고 그 돈으로 밥은 안 사먹고 술을 진탕 마시고는 솜이불처럼 눈을 덮고 얼어 죽었다. 이때 49세였는데, 최북이 49세 때 죽을 것을 알고 자를 칠칠(7×7=49)로 정했다는 소문도 돌았다.

시시한 삶이라는 그릇이 이렇게 광기 서린 천재들을 담아내지 못할 때 그들은 스스로 이 삶을 박차고 저 죽음의 공간으로 가버리곤 하나니, 어깨를 짓누르는 가난과 고독이여. 아아, 토르소처럼 우울한 예술가의 삶이여.

## '바게뜨'라는 이름의 그대

송인영

칼금 먼저 넣는다, 완성이 되기 전에

내 사랑 나도 몰래 부풀어 터질까봐

오늘도 거리를 두고

맴돌다 돌아왔다

차라리 까맣게 타 재가 되고 싶지만

아린 몸 둘둘 말아 발효를 기다리며

무성한 통성의 긴 밤

혼자 몰래 읽는다

— 〈문학청춘〉(2019, 가을호)

---

송인영 2010년 〈시조시학〉 봄호 신인상, 2017년 제1회 서귀포 문학작품 전국 공모전 수상(시조), 시집 『별들의 이력』, 『앵두』, 『방언의 계보학』.

## 시작 노트

'터치' 한 번이면 모든 것을 얻을 수 있는 세상이라지만 그와는 반대로 무던히도 공을 들여야만 얻을 수 있는 게 있는 게 또한 요즘 세상이다. 그 한 실례로 '바게뜨' 하나를 얻기 위해 그 과정에 참여해 본 사람이라면 그 과정이 얼마나 지난한가를 온몸으로 느낄 수 있을 것이다

남녀 간의 사랑도 또한 이와 마찬가지다. 매번, 칼금과 칼금 그만큼의 간격을 두고 돌아설 때마다 차라리 까맣게 타 재가 되는 게 낫겠다 싶다가도 그럴 수는 없는 현실 앞에 천둥처럼 몸을 떨었던.

# 철새는 날아가고

양희영

어느새란 철새
선달 초하루 날아와

열두 달 나뭇가지 있는 대로 흔들며

도대체
왜 이러고 있니
가슴 콕콕 쪼아 댄다

이럴 걸 저럴걸
또 그럴 걸 중얼대며

하나라도 이룰까, 기를 쓰고 울다가

그믐날
새해를 향해
날아간다, 어느 새

— 〈정음시조〉(2019, 창간호)

---

양희영 2017년 〈좋은시조〉 등단

시작 노트

12월,
한 해를 갈무리하는 섣달의 풍경 속에서 나는
속앓이한다.

줄어든 막대사탕 바라보는 아이처럼…

그럼에도
섣달의 후회와 정월의 작심은 한 달도 채 못 간다.
세상이 가는 대로 녹아들며 하루하루를 살아가다
마지막 한 장 남은 달력 앞에 서면 그날부터 내 안에
새소리가 끊이지 않는다.
이미 살아버린 열한 달을 들먹이며 쪼아대는 부리의
말에 안절부절못한다.

그러다 제야의 종이 울리는 순간
어느 새는 저무는 것들을 물고 없던 듯이 날아가고
나는 또다시 오늘을 걸어간다.

# 9회 말 투아웃 2사 만루

용창선

직구로만 승부하던 눈빛은 무뎌졌고
방어율이 낮았던 청춘도 시들었다
가슴의 흉터 같은 실밥
꼭 쥐고 서있다.

커브처럼 휘어지는 골목길의 불안과
포크볼로 떨어지는 목덜미의 빗방울이
외로움 쌓인 세상에
내던져져 있었다.

내 손을 떠난 공이 타석으로 날아간다.
화살을 떠나보낸 활시위가 떠는 순간
딱! 하는 소리와 함께
타구가 날아간다.

— 〈공시사〉(2018년 12월)

---

용창선 2015년 〈서울신문〉 신춘문예 등단, 현 목포대학교 출강, 시집 『세한도를 읽다』, 논문 및 저서 『고산 윤선도시가와 보길도 시원연구』, 「윤선도의 한시 연구」, 『윤선도 한시의 역주와 해설』.

## 시작 노트

잔디와 선수들과 전광판이 막 올리자, 생계의 저편에서 쾌락의 이편으로 함성이 기적 만드는 행복나라 도가니다. 치맥을 먹더라도 누구 눈치 볼 것 없고 소리 꽥꽥 내질러도 층간소음 걱정 없다. 외로움 쌓인 세상에 내 편들이 넘쳐난다.

불안이 엄습하고 목덜미에 빗방울이 떨어지는 긴장된 순간, 투수 손을 떠난 공이 타석 향해 날아든다. 배트에 맞는 순간 포물선이 다리 놓고 흥분이 장외를 넘자 타자는 새로운 기록의 전설 하나 써내려 간다.

승리에 취한 팬들은 자의식의 감옥에서 벗어나 몰아의 세계로 질주한다. 누군가는 춤을 추고 연인들은 뽀뽀한다. 도시의 한복판에서 일탈이 곧 해탈이다.

우승의 헹가래는 질투와 욕 대신에 존경·감사·위로·연민의 코끝 찡한 역설이니, 가슴에 야구장 하나 품고 사는 것도 사랑이다.

# 돌의 맥박

우은숙

삼랑진 만어사에는 바다에서 헤엄쳐 온
고기들이 돌 되어 층층이 누워 있다

그들의 이천 년 전 맥박 두 손으로 만져본다

지느러미 찾으려 집어 든 돌 속엔
검푸른 입술마다 새겨진 언어들이

떠돌던 마음의 부표 화석으로 증언한다

비늘과 꼬리는 시간 속에 감췄지만
원시의 경전으로 읽어내는 이 시간

굳어진 가슴팍에선 바다 냄새 아직 난다

— 〈문학청춘〉(2019, 여름호)

---

우은숙 1998년 〈동아일보〉 신춘문예 당선, 시집 『물무늬를 읽다』, 『그래요, 아무도 모를 거예요』 외, 평론집 『생태적 상상력의 귀환』, 중앙일보시조대상 신인상 수상, 오늘의시조시인회의, 한국시조시인협회, 역류 동인

## 시작 노트

길을 잃었다. 길을 잃지 않기 위해서는 밤은 더욱 더 어두워져야 하리. 나침반을 머리맡에 두고 잠드는 날, 초승달이 내려와 구두 굽을 시퍼렇게 닦아놓는다. 접었던 무릎을 펴고 한 걸음 한 걸음씩 걸음을 옮기라고 재촉도 한다.

걸음을 옮기며 내가 찾고자 하는 것은 낯선 사유의 생명성이다. 그러나 그것은 좀처럼 곁을 내주지 않았다. 그러다 삼랑진 만어사에서 만난 수 만개의 돌들에게서 꿈틀거리는 생명을 느꼈다. 이천년 전 맥박이 뜨겁게 내 가슴을 흔들어 놓은 것이다. 그 소리 들으려 굳어진 가슴팍에 내 귀를 갖다 댄다.

# 붉은오름

이숙경

사나흘 괴어 있다 은연히 스며들어
감감한 어둠 속에서 울음을 매만진다
마음이 쏟아져 버릴까 온몸을 웅크린다

긴 관을 타고 오는 굵직한 떨림이
두세 번 끊어졌다 부풀어 가는 동안
그에게 가까워질수록 징소리가 들린다

슬픔을 아우르는 넉넉한 소리 품새
나 대신 흐느끼고 소멸하는 사려니숲
갈앉아 피붙이처럼 삼나무로 서 있다

— 〈시조미학〉(2019, 여름호)

---

이숙경 2002년 〈매일신문〉 신춘문예 당선, 시조집 『파두』, 『동백꽃, 반지』, 현대시조 100인선 『흰 비탈』, 시론집 『시스루의 시』, 영언 동인

## 시작 노트

어느 날 슬픔에 빠져 걷잡을 수 없는 울음을 쏟을 때가 있었다. 늘 마음이 평온해서 눈물주머니가 퇴화된 줄 알았는데 내게도 아직 울음이 남아 있었다. 그때 나만의 숲이 있으면 좋겠다는 생각이 들었다. 생각이 구체화된 것은 그 며칠 사이였을 것이다.

숲은 감감한 어둠에 나를 감추기 안성맞춤이고 내 속에 든 것을 쏟아 놓으면 기다란 나무 관을 타고 내려온 나무의 음성이 나를 어루만져 줄 것 같다. 그런 숲으로 택한 것이 제주의 사려니숲이다. 오래 전 다녀오고 한참을 잊고 살았지만 그 숲은 마음을 세세히 읽어 주고 슬픔이 있으면 나 대신 흐느끼고 소멸시켜 주기에 충분하다. 맺힌데 없이 곧게 자란 삼나무는 피붙이, 살붙이처럼 넉넉하게 내 편이 되어 줄 것이다.

사려니숲에서 나를 사로잡는 슬픔을 쏟고 다시 마음을 동여매어 붉은오름에 올랐을 때 그때 나는 어떤 모습일까를 생각해 보았다. 내 모든 것이 정화되고 난 후에 오른 오름이니 벅찬 희열에 빠져 내려다본 세상은 아름답기 그지없을 것이다.

# 사막풀

정수자

둥글게 몸을 말며 결전에 든 건기의 풀들

칼바람 칠 때마다 날을 물고 구른다

필생의 맞장을 뜨듯 위리圍籬로 먹을 갈듯

멀리서도 살을 찢는 잉걸불의 혓바닥들

오라, 같이 울 만한 사막의 권속이여

가시도 오래 씹으면 비백飛白으로 솟을지니

— 〈다층〉(2018, 겨울호)

---

정수자 1984년 세종숭모제전국시조백일장 장원 등단, 시집『그을린 입술』 등 6권과『한국 현대 시인론』 등 공저 10여 권, 가람시조문학상, 중앙시조대상, 이영도시조문학상, 현대불교문학상, 한국시조대상 등 수상

## 시작 노트

사막에 끌렸다. 사막 영화나 책을 보면 한동안 사막앓이를 했다.

순결하고 평화로운 관능으로 물결치는 사막. 아름다운 어깨나 가슴이나 둔부 같은 선들이 짓는 매혹은 오묘했다. 고비 같은 자갈모래사막 안팎의 사람살이는 힘들고 척박하지만 말이다.

사막여행은 실크로드였다. 타클라마칸은 먼 꿈이라 마음에만 담았다. 실크로드도 일정이 반으로 준 덕이었다(30년 전에는 2주 이상). 아프리카의 붉은 매혹 나미브며 천산북로도 불렀지만, 실크로드남로에 만족해야 했다(지구 곳곳의 사막화가 심각하건만 사막은 매혹이라니…).

비단길, 무역길의 명명인데 사막 자체도 때때로 비단이다. 비단모래 사막의 내밀한 몸과 선과 춤에 취하지 않을 수 없는 길. 물론 살이 타드는 열사와 열풍도 뚫고 다녀야 했다. 혜초의 길을 따르거나 몽골고비를 관통한 시인(최승호)의 수행여행에 비할 바는 아니었지만.

사막은 어딘가 오아시스가 있어 아름답다던가. 그 경이에 환호하고, 바람의 술에 취하고, 별 세례에 오래 황홀했다. 그 길에서 만난 생명들은 더욱 강렬했다. 한 모금 비를 물고 싹을 틔워 제 삶을 살아내는 사막풀들. 놀라운 생명력을 계속 보며 유배가 떠올랐다. 일상도 사막에 종종 비유했지만, 위리안치圍籬安置 유배에 비하랴. 가시를 짓씹으며 자신의 예술을 이룬 사람. 세한의 갈필이며 비백飛白의 깊은 높이를 사막풀에 겹쳐보며 나의 얕음에 뜨겁게 가시를 박았다.

사막, 같이 울 만한 권속들과 오래 떨었던 곳. 그곳에 또 가고 싶다. 더 깊이 들어가 더 깊은 무엇을 만나고 싶다.

# 눈물도 늙어

정옥선

치매 걸린 여든둘 앙상한 우리 엄마

엄마 젖을 찾으며
큰소리로
엉엉 운다

거죽만 남은 손으로 야윈 얼굴 가린다

눈물을 닦으려고 헐렁한 손을 치우자

한 줄기,
주름골 넘으며
더듬더듬 내려온다

눈물도 같이 늙는지 아주 천천히 내려온다

— 〈다층〉(2018, 겨울호)

---

정옥선 2014년 〈시조시학〉신인상 등단. 열린시학상. 시조집 『딴죽』.

시작 노트

유독 꽃을 좋아하시던 엄마는 시골집 구석구석에 갖가지 모양과 색색의 꽃을 심고 가꾸었었다. 요양원 들어가실 때도 봄이었기에 창밖으로 보이는 꽃들에 대해 간간이 얘기하곤 했었는데… 시간이 지날수록 치매가 점점 심해지더니 꽃에 대한 흥미도 잃어가셨다. 가을쯤 되었을 땐 나에 대한 기억도 잊으시고 드시는 것조차 잊기 시작하셨다. 평소 좋아하던 음식에도 심드렁하더니 눈에 띄게 야위어 가셨다. 그러던 어느 날 요양원을 갔는데 엄마가 울고 있었다. 요양보호사가 어제부터 가끔 이렇게 우신다고… 눈물까지 보이며 우신다고… 돌아가신 외할머니가 많이 보고 싶었는지 우리 엄마가 큰소리 내며 엉엉 울고 있었다.

<백수 정완영 선생 탄생 100주년 기획>

# "말은 짧되 뜻은 길고, 속은 뜨겁되 겉은 서늘하고, 보여주되 설명하지 마라."

— 제주사랑, 제주시조

이승은(시인)

## 1. 백수와 제주

격정激情 육 백 리, 달래도 설레는 섬아
남해 쪽빛 다 마시고 초록도 울먹이는데
제 마음 이기지 못해 나도 너를 찾아왔네.
—「섬」 전문

2007년에서 2011년 사이 서귀포시, 제주시 문학행사 등에 백수 선생님과 함께 초청되어 선생님을 모시고 제주에 세 번 다녀온 적이 있다. 선생님은 세미나 원고를 발표 직전까지 가다듬으셨다. 영광스럽게 제주행 비행기 안에서 선생님 말씀을 받아 정리해서 드리기도 했는데 지금 와서 보니 너무 소중한 자료라는 생각이 든다. 이 기회에 선배, 동료, 후학들과 함께 공유하고자 한다.

선생님과 함께 가는 나의 그 첫 제주행이, 선생님에게는 꼭 쉰다섯 번째의 제주 길이라 하셨다. 선생님과 제주의 인연은 1941년 일제강점기 때였는데 물론 비행기는 없었고 삐거덕거리는 목선을 타고 열세 시간쯤 떠내려갔던 기억, 대부분의 승객들이 뱃멀미를 하느라 고통스러워했던 모습이 아른거린다고 하셨다.

부산에서 제주까지 열세 시간은 부산에서 시모노세키의 거리와 맞먹는 데 오랜 시간 흔들거리며 가다가 멀리 보이는 섬을 발견하자 너나 할 것 없이 환호하던 승객들의 목소리도 가까운 날인 듯 귓전에 넘친다는 말씀도 없으셨다.

"섬에서 만난, 가슴을 뛰게 했던 신록의 모습, 분명 뭍에서 보는 신록과는 차이가 있어. 바닷빛과 어우러진 섬의 초록은 유들거리고 살아 꿈틀대며 목덜미에 확 감겨들지. 그 첫 느낌 때문에 이리 세월이 흘렀음에도 봄만 되면 내가 제주에 끌리는 것이야." 그러시며 읊어주신 시조.

> 서울에서 바라볼 때는 이 제주가 섬이더니
> 정작 제주에 서니 서울이 또한 절도絶島로고
> 생각도 차고 이우는 이 간만干滿의 사이사이.
> —「간만干滿의 차」 전문

> 세월이 바다에 와서 돛배처럼 떠 있는 섬
> 그 섬이 바다가 되어 마을들은 또 떠있고
> 바람 끝 되살아나는 등불만한 유자 하나.
> —「유자」 전문

1940년대 제주의 숙박 시설은 일본인이 경영하는 목조 2층 건물의 여관 수준인 '화신호텔' 정도였으며 그 당시 제주에 시인이라고는 한 사람도 없었다. 몇 번의 행차 끝에 故 양중해 시인을 만나게 되고, 그 이후 故 김공천 시조시인을 만나게 된다. 전국에 문인이라고는 오십여 명 정도였으니 제주 문단이 척박한 것은 당연한 일이었을 것이다.

이런 현실에서 백수 선생님의 잦은 제주행은 자연스럽게 제주에 시조의 씨앗을 뿌리게 된 계기가 됐다. 그 처음이 이용상 시인이고 그 다음이 서귀포 문학회장을 맡고 있는 오승철 시인이었다. 선생님은 오 시인을, 서울까지 오르내리며 시조를 바르게 배운 문하생이라고 평가하셨다.

서귀포 귤 밭에서 술래 잡던 밝은 바람
모슬포 돌아온 길엔 장다리꽃 흩어놓고
님 오실 바다를 향해 시시덕여 갑니다.
—「바람」 전문

해발 일 천 구백 미터, 한라漢羅는 탐라耽羅 제일 경景을
상춘常春을 거역하여 홀로인 채 눈을 쓰고
창파도 눌러 앉았네, 다스리고 앉았네.
—「한라산」 전문

## 2. 백수가 잊지 못하는 스승 세 분

백수 선생님을 시조의 길로 걷게 해 주신 세 분이 계시다. 첫째가 이위응 선생님, 안동 사범을 졸업하시고 초임으로 오신 분이셨다. 그때 백수 선생님은 보통학교 3학년, 열두 살 때였다. 그 시절 국어가 일본어였고

조선어 시간이 일주일에 두 시간뿐이었다. 선생님이 기억하시기로는 나중에 한 시간으로 줄었다가 아예 없어졌다. 한 반에 예순 명 정도의 학생들이 수업을 했고, 보통학생이면서도 장가를 들어 아이가 둘씩이나 있는 시절이었기에 학생들의 조선어 관심은 거의 없었다. 왜냐하면 일본어나 잘 배워서 동사무소나 은행원이 되는 것이 가장 큰 꿈이던 시대였다고 선생님은 회고하셨다. 그런데 이위응 선생님은 조선어 시간에 열정적으로 시조만 강의하셨다.

아이들이 졸고 있거나 하면 그렇게 풀어진 정신 때문에 우리가 일본의 꼭두각시에서 벗어나지 못하는 게 아니냐며 흰 분필을 던지셨다고 한다. 퇴계의 후예이셨던 분, '동창이 밝았느냐 ~'를 처음 들려 주셨던 생애 최초의 선생님. 그분이 소리 소문 없이 전근을 가셔서 어린 마음에 안타까웠는데, 108인 조선어학회사건으로 조선의 지식인, 사상가들과 함께 함흥감옥소에 수감되었다는 것을 나중에 알게 되었다. 해방 후 임종찬(당시 부산대 국문과 1년) 시인이 어느 교수님의 추천 편지를 가지고 찾아 왔었는데, 그때의 이상헌 교수가 이위웅 선생님이라는 것도 뒤늦게 알게 되었다고 하셨다. 백수 선생님 역시 조선의 씨를 말리기 위한 숙청 대상에 들어 있어 오른손 약지가 부러지는 고문을 당했는데, 그 후유증으로 글씨를 제대로 쓸 수 없는 처지가 되셨다.

둘째 분은 홍성린 선생님. 풍금을 치면서 노래를 가르쳐 주셨는데 그때 처음 배운 노래는 아직까지 외우고 있을 만큼 어제 같기만 하다면서 백수 선생님은 눈시울을 붉히셨다.

> 누나야 보슬보슬 봄비 내린다/앞담 밑에 꽃밭으로 봄비 내린다/해바라기 민둘래(맨드라미 ) 봉사꽃 (봉숭아꽃 )씨를/참새 눈을 감겨 두고 몰래 심으자.

당시의 담임선생님은 일본인이셨는데, 일본 역사는 소홀히 하고 조선어와 시조에 열중인 백수 선생님께 "너는 자라면 틀림없이 나쁜 놈이 될 것"이라며 구박과 화장실 청소를 도맡아 시켰다 한다. 그러나 앞서 말한 두 분 선생님의 힘과 은혜로 문학의 꿈은 한 뼘씩 자랐다.

끝으로 늘 곁에서 끊임없이 영향을 주신 분이 할아버지셨다. 하루도 빠짐없이 쟁쟁히 귓전을 울리는 말씀은 "큰 시인이나 큰 학자는 작은 집에 살아야지 그 집 용마루에 큰 별이 뜨는 법"이라시며 청빈을 강조하셨다. "아침에 눈을 뜨면 남자는 왼발부터 내딛으라"는 할아버지의 말씀을 기억하고 실천하고 있는 것이 그나마 건강을 지키는 비법이 아닌가 한다고 떠올리셨다. 뿐만 아니라 떠 놓은 물은 기가 없는 물이라고 먹이지 않고 샘에서 솟아 살아 움직이는 물을 찾아 먹여주시던 어린 날이 생생하다고 옛 기억을 더듬으셨다.

백수 선생님에 따르면 할아버지는 해마다 입동이 되면 창호지 두 장을 사오라 시키셨다. 그 두 쪽을 이어 붙이신 후 아흔 송이 매화를 그려 놓으시곤 하루 하나씩 꼭두서니 점을 찍어 나가셨다. 이름하여 '소한도消寒

圖’, 선비가 겨울을 다스리는 법을 일찍이 일러주신 것이다.

### 3. 시조 문화 창출

절도엔 어둠도 감청紺青, 향수도 물이 든다
한 가락 젓대를 불어 일만一萬 파도 다 눕히면
한라漢羅도 구름을 열고 달을 띄워 이더라.
—「한라漢羅의 달」 전문

새벽닭 울음소리가 꽃물처럼 터져 나면
귀 밝은 동백꽃이 바다 길을 먼저 연다
청청青青한 파도를 밀며 나투시는 탐라耽羅 섬.
—「탐라耽羅 개벽」 전문

유채꽃이 바다에 들면 바닷물도 꽃밭 되고
바닷물이 꽃밭에 오르면 유채 밭도 바다일세
이 저승 따로 없어라, 꽃과 물이 한 세상.
—「꽃과 물이 한 세상」 전문

백수 선생님의 제주 섬 사랑은 애틋하기까지 하다. "몇 해 전, 봄을 여는 서귀포 행사 때 읽은 '꽃과 물이 한 세상'이다. 오늘 제주로 가는 비행기에서 다시 떠올리니 감회가 새롭다. 제주 명예도민으로 서울에 살면서도 한결같이 바라는 것은 제주도의 문화 창출이다."

선생님에 따르면 명치유신 때 마사오카 시키正岡子規는 일본 근대 하이쿠를 대표하는 시인으로 '하이쿠'라는 용어를 만들었다. “본 대로 느낀 대로 사생寫生의 방법을 주장한 사람”이라는 평가를 받는다. 또한 민중들의 삶에 주목을 했던 현실주의 시인이라며 선생님은 그의 시 몇 편을 소개하셨다.

“감을 먹으니/ 종소리 들려오네/ 저어 법륭사”
“유채꽃이네/ 확 번져가는 밝은/ 변두리 동네”
“살아 있는 눈을/ 쪼러 오는 것일까/ 파리의 소리”
“장작을 패는/ 여동생 한 사람의/ 겨울나기여”
“귤을 까본다/ 손톱 끝이 노란색/ 겨울나기여”

마사오카 시키는 경제, 정치, 사상만으로 어찌 밀려오는 서양 문화를 감당하겠느냐고 걱정하며 의연히 일어나 ‘일본 시 운동’을 하여 나라의 기틀을 다잡았다는 것이다. 이후 중국과 한국은 유신에 실패했으나 일본은 마사오카 시키의 문화 창출로 큰 성공을 거두었다. 백수 선생님은 그를, 문화 창출을 못하는 연대는 결국 살아남지 못한다는 것을 깨친 선구자였다고 평가했다.

백수 선생님은 얼마 남지 않은 삶을 그처럼 살고 싶다 하시며 그 일을 제주도와 함께 하기를 바라셨다. 그 당시 만난 도지사께 시조 시 100기基를 세워달라는 부탁을 드렸는데 이것이 이루어진다면 국내는 물론 세계적인 관광 유치에 징검다리가 될 것으로 장담하셨다. 선생님은 우리나라에서 열린 세계시인 대회 때 프랑스 시인이 자신에게 한 말을 전하면서 이 말에 오래도록 부끄러웠다고 털어놓으셨다.

"100년 전 모더니즘이나 찾고 있다니 한국만이 내세울 전통 시가는 없는가?"

## 4. 목기 같은 시

강원도 오대산 월정사/ 사슴뿔을 닮은 석탑
뿔 끝에 감긴 구름/ 구름 끝에 도는 하늘
꺾으면 진달래 같은/ 피도 흘러 나겠네 .
—「월정사 석탑」 전문

내가 반을 허물어져/ 황학산문을 찾아 내려와
탑전에 합장 드리면/ 합장은 도로 올려주고
빈 하늘 네모로 접어/ 반듯하게 세워줍니다 .
—「탑」 전문

"삼십 대에 쓴 '월정사 석탑'은 기교 가득한 은쟁반 같다면, 오십 년 후에 쓴 '탑'은 장인이 툭툭 다듬은 목기 같은 시다. 남은 날의 시는 절차탁마하되 현란하지 않고 쉽게, 고졸하게 쓰고 싶다. 투박하게, 많이 다듬지 않고… 대나무의 마디를 보면서 소나무의 옹이를 보면서 그런 아픔의 용트림 없이 어디 나무가 성장할 수 있으며 나이테가 생기겠는가. 사람도 이와 다를 게 없다. 시의 원천도 사랑의 힘도, 우리 영혼에 마디와 옹이를 맺는 것이 아니겠는가." 선생님의 생전 말씀이 여전히 그립다.

## 5. 말과 글을 새기며

망 구십 살자 하니 제 풀에 제가 지쳐
팔베개 접어 베고 돌아누울 때가 있다
저보게, 저 산도 지쳤나 돌아눕는 것 좀 보게
—「돌아눕는 산」 전문

돌아가시기 얼마 전, 백수 선생님은 산이 돌아눕는 것이 보인다고 하셨다. 이제는 강의를 하실 때마다 뭉클하고 제자들의 얼굴을 가슴에 하나하나 심는다고 하셨다. 다시 또 볼 수 있을까 하는 마음이 자꾸 매달리기 때문이셨을 것이다. 선생님의 육성을 빌어 지극한 시조정신을 어줍게 소개했다. 그 말씀과 가락 속에 말이 있고 길이 있고 음과 양이 있음을 더불어 느꼈다면 더할 나위 없겠다.

후학들을 남기고 선생님은 가셨다. 올해 탄생 100주년을 맞아 백수 선생님 인생의 동반자였던 '제주'를 생각하며 그 중 최근에 남기신 시조를 이 글의 말미에 올리며 늘 부족했던 후학의 못난 받아쓰기를 마친다.

제주는 포물선 밖인가 눈썹 위에 걸린 섬인가
밀물엔 부대끼다가 썰물에는 여위다가
한 물결 감돌아들 때면 내 노래의 꿈이다가.

거길 가면 사랑이 있고, 꼭두서니 이별 있고
유채꽃 동백꽃 혼령과 덧칠하는 비바람과
내 눈물 홍건히 고이는 수평선이 걸려 있다네.
—「제주 랑데부」 전문

등단회원

# 양시연

2019 《문학청춘》 가을호 신인상 시조 당선작

치자꽃 능선 외 4편

2019 《문학청춘》 가을호 신인상/시조 당선작

# 치자꽃 능선 외 4편

저렇게 늠실늠실 흘러가도 되나 몰라
이름에 풀'초'자는 왜 굳이 붙였는지
인동초, 어디를 봐서 나무로 분류했을까

바닷가 조가비 같은 용수리 초등학교
무시로 묻고 싶고 부르고 싶은 이름
당산봉 오름 한 자락 베고 눕던 그 날들

얼핏 내린 비에 내려놓은 치자 꽃처럼
사십 년 내 일자리 순순히 내려놓고
이제 또 이순의 능선 어디로 끌고 갈까

# 트렉터

몇 년째 벼르고 별러 트렉터를 사던 날
용수리는 찬치집 박수갈채 쏟아졌다
괜시레 동네 한 바퀴 휘휘 돌던 아버지

그때 내 어깨도 덩달아 으쓱해졌지
황소 대신 탈탈탈탈 묵정밭도 갈아엎고
가끔은 홀어멍 집에 밭갈이도 다녀온다

이랑 따라 늙는 것은 세월만이 아니다
골다공증 어머니 숭숭숭 언덕바지
방사탑 까마귀 하나 반추하는 저녁노을

# 다랑쉬 오름

때로는 오름들도 손말을 하나보다
다랑쉬, 다랑쉬오름 못 다한 말이 남아
괭이밥 노란 속살로 고백하는 저 손말

게메예 게메마씸[11] 4·3의 그 동굴 속
댓바람 사잇길 칠십 년 된 그 아이
입으론 차마 못하고 손말로나 풀어본다.

11) '글쎄요'의 방언

# 외삼촌

아직도 모르겠다, 정말로 모르겠다
개가 짖는 날이면 어김없이 들이닥쳐
기어코 제 누나에게 손을 벌린 이유를

바람을 피웠을까, 판돈을 날렸을까
텃밭 너머 파도소리 그것 밖에 없는 밤
얼떨결 뛰쳐나와서 방사탑에 빌어본다

여든넷 어머니의 한 세상 한 점 혈육
섬에 있는 건지, 육지로 떠난 건지
이 저녁 건강하시라, 혀 밑에 숨긴 이름

## 손말

오십대 중반에도 저렇게 예쁠 수 있다니!
그녀가 다녀간 날은 어김없이 비가 왔다
여태껏 한 마디 말도 세상에 못 내 뱉어본

그랬다 농아였다. 선천성 농아였다.
여성상담 하는 내게 무얼 자꾸 말하려는데
도저히 그 말 그 몸짓 알아듣질 못했다

나는 그날부터 수어手語공부 다녔다
기어코 그녀의 말, 그 손말을 알아냈다
그렇게 하늘의 언어 아름답게 말하다니!

# 서두르지 않고 천천히 시인의 길을 향하여

양시연

누구나 기억하는 날을 갖고 있을 텐데, 저에게 오늘은 특별한 날이 되었습니다.

7월 25일, 오후 7시 13분

"양시연 씨, 축하합니다, 문학청춘 신인상에 당선되었습니다."

지금 생각해 보면, 당황한 나머지 '감사합니다.'는 인사도 제대로 드리지 못한 듯합니다.

천직으로 알던 일자리를 내려놓고 인생 후반전을 어떻게 무엇으로 채워갈까 고민하던 중, 몇십 년 동안 가슴 깊숙이 밀쳐둔 '시'가 떠올랐습니다, 그래, 한번 해보자는 마음으로 시작했지만, 무디어진 마음을 좀처럼 녹여낼 재주가 없었습니다. 며칠을 잡고 쥐어짜도 초장에서 중장으로 넘지 못하던 날들. 그때마다 나에게 말을 걸었습니다, '지금 잘하고 있거든, 서두르지 않아도 충분해.'

축하 인사 중에 "시인은 시가 많은 사람이 부자다." 라는 말씀이 마음에 와 닿았습니다. 이제 시작입니다. 글의 힘을 잘 압니다. 한 편의 시가 치유와 용서, 웃음과 눈물을 자아낼 수 있도록 부단히 노력하고 완성해 가는 시인이 되도록 하겠습니다.

감격스러운 당선 소식을 접할 수 있도록 손을 잡아준 오승철 선생님, 부족한 글을 눈여겨 봐주시고 용기를 주신 심사위원님, 정드리문학회 회원들 그리고 묵묵히 응원해 준 가족들께 깊은 감사를 드리며, 여호와 이레 하나님을 찬양합니다.

심사평

# 삶의 진정성과 서늘한 직관

이승은(시인)

오래되었으나 모국어의 발목으로 오늘을 건너가는 장르가 시조라는 생각이다. 우리는 오늘도 형식이 있되 갇힌 게 아니라 갖춤으로, 우리 삶의 지평을 우리 언어 정서에 맞춰 끊임없이 열고 나갈 수 있는 시조를 열망한다.

얼핏 보면 시조 3장이 모두 매끄러우나 빈혈로 핏기가 없다면 수사의 과잉이 아닌지 짚어보아야 한다. 이미지만 넘치고 공허한 울림으로 끝나거나, 실험실에서 배양된 인위적인 표현들은 서로를 감염시켜 내일의 시조를 왜소하게 할 뿐이다. 그러므로 유사한 틀과 기시감에서 벗어나 소박한 질감의 언어로 뜻밖의 경이로움을 주는 신인을 우리는 늘 기대한다. 시적 상황으로 감동을 연출하고 시적 부력으로 공감을 극대화한 작품을 만나는 일은 여전히 기쁘다.

『문학청춘』이 처음으로 시조시인을 뽑는다. 고무적인 일이 아닐 수 없다. 김석의 「수심水深」 외 4편과 양시연의 「치자꽃 능선」 외 4편을 당선작으로 민다. 이미지의 세련된 감각과 이를 날렵하게 다루는 솜씨는 아니더라도 강요된 억지와 숙성되지 않은 말들의 피로감 속에서 두 분은 여백을 다루는 힘을 보여주었다.

양시연의 시조는 애잔한 추억을 환기하는 데 그치지 않고 제주가 가지고 있는 쓸쓸함, 그 너머의 지역성을 밀도 높은 감성과 서늘한 직관으로 진지하게 짚어냈다. 「치자꽃 능선」은 이순을 맞으며 퇴직을 하게된 현실을 성숙하고 안정된 보법으로 "얼핏 내린 비에 내려놓은 치자꽃처럼/사십 년 내 일자리 순순히 내려 놓고"는 자신을 당산봉 오름에 견주는 담담으로 시상를 펼쳤으며 「트랙터」는 어린 날을 소재로 현재와 과거를 역동적으로 엮어냈다. '몇 년째 벼르고 별러' 아버지가 '트랙터를 사던 날'의 설렘과 '이랑 따라 늙는 것은 세월만이 아니다'라는 지난날의 반추가 방사탑 저녁 노을과 잘 맞아떨어졌다. 수화를 소재로 한 「다랑쉬 오름」과 「손말」에서는 '괭이밥'과 '칠십 년 된 아이'가 말로는 못하는 '4.3'의 일들, 그리고 선천성 농아로 태어난 여인의 손말을 통해 삶을 성찰하는 깊이를 보여주었다. 「외삼촌」은 비극적인 상황을 '금기어'로 극복해나가는 가족의 연대 의식을 잘 형상화하였다.

# 삶의 육화와 삶의 의미를 심화하는 시

이정환(시인)

양시연 시인은 삶의 현장과 밀착된 시 세계를 펼쳐 보이고 있다. 구체적인 서사를 형상화하는 일에 능숙하다. 역사적 현장을 조명한 「다랑쉬 오름」은 '손말'이라는 이미지를 통해 아직도 치유되지 못한 아픔을 담담히 그리고 있다. 「치자꽃 능선」이 주는 진정성 있는 삶의 이야기는 '이순의 능선'을 넘는 또 다른 항해이거나 들레이는 여정에 관한 노래여서 아련하다. 「트랙터」는 아버지와 어머니의 생애를 실감실정으로 묘사한다. 「외삼촌」도 마찬가지다. 정형에 대한 충분한 연마를 바탕으로 능숙하게 말을 부리며, 삶의 의미를 심화하고 확장하는 일에 힘쓰고 있어 앞으로 크게 기대된다.

신인과 기성이라는 범주를 떠나 어떤 주제를 택하든지 우리는 늘 '새로운 목소리의 발현'에 힘써야 한다. 새롭고 새로워야 한다. 자기 안에서 부단한 혁신이 이루어지지 않으면 쉬이 늙는다. 절차탁마로 대성하시기를 빈다.

# 회원 수상자료 모음

김양희 - 제1회 정음시조문학상
수상작 「절망을 뜯어내다」

문순자 - 제4회 노산시조문학상
수상작 「어쩌다 맑음」

오승철 - 제19회 고산문학대상
수상작 「오키나와의 화살표」

제1회 정음시조문학상 수상작과 수상 소감, 심사평

■ 수상작

# 절망을 뜯어내다

김양희

우리를 탈출한 고릴라가 돌아다닌다

어떻게 나갔어
대체 비결이 뭐야

철망을 하루에 한 칸씩 나도 몰래 뜯었지

절망을 뜯어냈다고?
철망을 뜯어냈다고!

오타를 고치려다 눈이 주운 어휘 한 잎

절망을 하루에 한 줌 몰래 뜯어내야지

---

김양희 2016년 〈시조시학〉 신인상, 2018년 〈푸른동시놀이터〉 신인상, 2019년 제1회 정음시조문학상 수상, 2019년 한국가사문학대상 특별상 수상.

■ 수상 소감

# 2019. 4. 1. 18:59. 통화 시간 1분.

2019년 4월 1일 18시 59분은 제게 특별합니다. 제1회 정음시조문학상 수상자로 결정되었다는 벅찬 소식이 온 시각입니다. 제 삶에서 가장 뚜렷한 때로 기억될 것입니다. 시간은 흐르다 중요한 대목마다 매듭을 엮습니다. 기억이라는 장치는 지나온 시간의 줄에서 매듭에 걸리는 순간 작동하여 그곳을 풀어보게 됩니다. 매듭의 크기에 따라 턱, 걸리기도 하고 슬쩍, 지나가 버리기도 하겠지요. 오늘 묶인 매듭은 제 시간의 줄이 만들 수 있는 가장 큰 크기일 것입니다.

상은 양팔저울인가 봅니다. 기쁨과 책임을 양쪽에 담아 팽팽하게 균형을 이루고 있습니다. 저울은 상이 주는 기쁨만큼 시조를 열심히 쓰라는 책임감을 묵직하게 지워줍니다. 상이 주는 두 가지 깊은 뜻 겸허히 받겠습니다.

고맙습니다. 시조를 열심히 쓰고 있지만, 아직 부족한 제 글을 수상작으로 올려주신 박기섭 선생님, 홍성란 선생님, 유성호 선생님께 감사드립니다. 더욱 정진하여 정음시조문학상의 고귀한 뜻에 어긋나지 않는 시인이 되겠습니다.

정음시조문학상을 제정하여 제1회 수상자가 되는 영광스러운 자리를 마련해주신 정음시조문학상 운영위원회 관계자 여러분께 감사 인사드립니다.

정음시조문학상의 무궁한 발전을 기원합니다.

고맙습니다.

"등단 15년 미만, 최소 5편 이상 신작 발표" - 이것이 〈정음시조문학상〉이 내건 수상 후보자 자격 요건이다. '15년 미만'에는 신예 시인을 망라하고자 하는 뜻이, '5편 이상'에는 발표 작품의 균질성을 담보하려는 의도가 엿보인다. 일견 확장성이 강한 구도여서 선고작업에 드는 품이 녹록지 않았으리라 짐작된다. 올해만 해도 전체 대상 시인이 3백 명을 웃돌았다고 하니 말이다. 이렇듯 치열한 예심과정을 거쳐 본심에 오른 작품은 9명의 45편이었다.

블라인드 심사 원칙에 따라 개인정보 대신 일련번호가 매겨진 원고뭉치가 주어졌다. 〈정음시조문학상〉의 유일무이한 심사기준은 '작품성'이었다. 이는 물론 정형미학의 완성도를 포함하는 개념이다. 이미 검증을 거친 작품들인지라 다양한 개성의 혼재 속에 저마다 견고한 미학의 성채를 구축하고 있었다. 개별 검토가 끝난 뒤 가려낸 작품들을 두고 다시 진지한 논의가 이어졌다. 어렵사리 수상작을 낙점하고 블라인드를 걷어내자 확인된 이름은 김양희 시인이었다. 선고된 5편을 함께 묶어 수상작으로 결정한 것은 수상 시인의 역량과 작품의 면모를 제대로 보여주자는 뜻에서다.

김양희 시인의 강점은 발화의 참신함에 있다. 자연과 인간을 적절히 결속하면서 생존 현장에 직핍한 정서의 진폭을 보여준다. 익숙한 풍경을 낯설게 뒤집어 의외의 시선을 유도하거나, 입말의 말맛을 살려 문맥의 표정을 풍부하게 하는 점도 눈여겨볼 대목이다. 다만 산견되는 역음보의 노출은 자칫 시상의 흐름에 장애턱이 될 수도 있음을 지적하고 싶다. 앞으로 〈정음시조문학상〉 첫 회 수상자의 진면목을 더욱 고양된 작품성으로 증명해주길 기대하며, 영예의 수상을 축하한다.

— 심사위원 박기섭(전 오늘의시조시인회의 의장)

마침내 정음正音이라는 이름으로 문학상이 생겼다. 훈민정음이 백성을 가르치는 바른 소리이듯 정음시조문학상은 바른 음 바른 소리로 독자대중의 심금을 울려줄 것을 기대하며 심사에 임했다.

심사 당일 알게 된 일이지만 1차 심사와 2차 심사에 이르기까지 상상을 초월하는 예심 대상자들을 감당해낸 운영방식과 선고작업은 놀라웠다. 최종심에 오른 9명의 45편을 숙독했다. 제1회라는 점에서 충분히 검증된 시인의 좋은 작품으로 중량감을 실어야 한다는 의견에 따라 재삼 정독했다. 투표와 심층 토론 끝에 쉽지 않게 수상자를 결정했고 우리는 그가 김양희 시인임을 알게 되었다. 등단 3년의 신예에게 부담이 될 것이나 그것은 오롯이 그의 몫이다. 각고의 노력이 뒤따라야 할 것이다.

무엇보다 김양희 시인의 작품은 최종심에 오른 여타의 작품들이 보여주는 시적 발상과 언어 구사의 방식과는 다른 모습이 강점이었다. 소재도 시적 전개도 시어 운용도 모두 낯설어 신선하게 다가왔다. 김양희 시인의 작품에 유독 시조 근방에서 흔히 만나는 시어는 없었다. 따로 어느 방면의 지식이 있어야 알 수 있는 시도 없었다. 중견 이상 시인들이 보여주는 근사한 시적 표현이나 특별한 시어를 가져다 쓴 경우도 없었다. 대단한 발상은 아니지만 진솔한 태도와 시적 접근이 미더웠다.

옛 시인 말씀에 시의 귀함은 담백하면서도 심오한 뜻에 있다고 했다. 시는 학문이 아니라 문학이다. 해석이 따로 필요 없고 읽으면서 읽는 이의 마음을 움직이면 그게 좋은 시다. 제1회 정음시조문학상 수상자로서 진정한 노력과 겸허한 자세로 올곧게 정진할 것을 요청한다. 가슴 깊은 곳으로부터 축하를 보낸다.

— 심사위원 홍성란(유심시조아카데미 원장)

제1회 정음시조문학상 본심에는, 등단 15년 미만의 시조시인들 말하자면 우리 시조시단에 새로운 활력과 숨결을 불어넣고 있는 아홉 분의 신진 시인들이 올라와 있었다. 현대시조의 새로운 가능성과 오래된 위의威儀를 동시에 확인시켜주는 작품들이 예심을 통과해 도착해 있었다. 심사위원들은 이분들 작품을 일독해가면서, 사물과 삶의 본질을 추구하고 언어의 창조적 비밀에까지 이르고자 애쓴 세계를 흔연히 만나볼 수 있었다. 오랜 토론의 결과, 김양희 시인의 다섯 작품을 수상작으로 결정하게 되었다.

김양희 시인의 근작들은 새로운 기율과 언어를 통해 우리 시조시단에 긍정적 충격을 주고 있는 시인의 역량을 느끼게 해준 가편佳篇들이었다. 최근 우리 시조가

난해성의 회로에 빠지거나 전통적 어법을 그대로 묵수하거나 아니면 지나친 파격을 통해 시조다움을 훼손시키는 사례가 빈번한 터에, 그가 취한 고전적 사유와 소통 지향적 언어는 우리가 잃어버리고 살아가는 미학적 기원에 대한 충동과 성취를 유감없이 보여주었다. 편편마다 경쾌한 언어와 고전적 상상력이 견고하게 결속되어 있는 점은 앞으로도 그의 큰 힘이 되리라 생각된다. 때때로 동심의 상상력까지 얹으며 발휘되는 시인의 언어는 그 자체로 우리 시조의 미래를 밝히는 실물적 성과라고 생각된다. 「절망을 뜯어내다」에서 보여준 "눈이 주운 어휘 한 잎"의 언어 감각과 「나팔꽃이 나팔꽃에게」가 들려준 애틋하고도 아름다운 장면 그리고 「나무에 든 밥알」과 「빨간 장화」에 나타난 선명한 심상은 두고두고 기억될 장인적 솜씨라고 할 수 있다. 수상을 축하드린다.

이제 정음시조문학상은 매우 개성적인 모습으로 막 출발을 하게 되었다. 그 첫 회 수상자로 김양희 시인의 이름을 기록하면서, 정음시조문학상이 앞으로 더욱 좋은 작품들을 균질적이고 지속적으로 쓰는 젊은 시인에게 주어지는 전통을 세워가기를, 그리고 시조문학의 발전에 기여하는 커다란 상으로 발전해가기를 마음 깊이 소망해본다.

— 유성호(문학평론가·한양대 국문과 교수)

■ 수상작

# 어쩌다 맑음

문순자

바다에 반쯤 잠겼다 썰물녘 드러나는
애월 돌염전에 기대 사는 갯질경같이
한사코 바다에 기대
서성이는 생이 있다

그렇게 아흔아홉 세밑 겨우 넘겼는데
간밤엔 육십년 전 돌아가신 할머니가
아기 젖 물리란다며 앞가슴 풀어낸다

사나흘은 뜬눈으로, 사나흘은 잠에 취해
꿈속에서도 꿈을 꾸는 어머니 저 섬망증
오늘은 어쩌다 맑음
요양원 일기예보

■ 수상 소감

# 애월바다 숨비소리에 바치는 詩

문순자

손가락 하나로도 흔들바위 흔들듯/찬 바람 닿기도 전에 물봉선 툭 터지듯/한 하늘 간신히 받든/어머니 앞니빨 하나//……//반짝 섰다 사라지던 그 장 아예 사라졌네/개똥참외 마른 줄기 퇴역한 장돌뱅이/그래도 바느질 실끝/앞니빨로 뚝 자르네 —「앞니빨 하나」 부분

친정어머니는 어렵고 힘들 때마다 찾아가는 나의 종교이자 성소입니다. 몇 년 전부터 어머니는 앞니빨 하나로 세상을 지탱하셨습니다. '일제강점기' '4·3' '6·25'라는 시대의 격랑을 '해녀' '밭일' '장돌뱅이'로 관통해 오셨습니다. 그런 어머니가 올해 100세를 맞았습니다. 작년부터 기력이 쇠해져 요양원에 가셨는데, 때때로 섬망증세를 보입니다. '어쩌다 맑음'은 그렇게 나왔습니다. 이제 어머니는 또 어딘가로 떠날 준비를 하시나 봅니다. 긴 이별이 될 것 같습니다. 세상의 모든 것을 탈탈 털고 나앉으신 것 같은데, 남은 것이 더 있다는 듯 마지막으로 이 상을 건네는 것인지도 모르겠습니다. 어머니는 떠나도 내 시의 바다로, 애월바다 숨비소리

로 남겠지요. "내 고향 남쪽바다~~"처럼

며칠 전 오늘의시조시인회의 회원들과 연해주를 다녀왔습니다. 인천공항을 출발해 블라디보스톡에 도착하자마자 전화벨이 울렸습니다. 로밍을 했는데도 상태가 좋지 않아 통화를 못 했습니다. 다음날 우수리스크에서 고려인 간담회가 끝난 후 문자메시지를 받았습니다. 생각지도 못한 수상 소식이었습니다. 자세한 소식은 귀국해서 듣고, 여행 중이라도 수상소감 정리해 보는 게 나을 것 같다고요. 안 그래도 먹먹한데, 너무 뜻밖의 소식에 실감이 나지 않았습니다. 말과 글이 통하지 않아도 '아리랑', '고향의 봄'을 함께 부르며 해외동포들과 하나가 된 후라 그런지 더 먹먹했습니다.

노산시조문학상, 제게는 너무나 버거운 상입니다. 노산 선생님의 이름에 누가 되지 않도록 치열하게 노력하겠습니다.

제 작품에 날개를 달아주신 선고위원들과 심사위원 선생님들 그리고 노산시조문학상 운영위원님들께 머리숙여 감사드립니다.

오늘의 이 기쁨을 오승철 선생님을 비롯한 정드리 회원들 그리고 가족과 함께 나누고 싶습니다. 고맙습니다.

■ 수상작

# 오키나와의 화살표

오승철

오키나와 바다엔 아리랑이 부서진다
칠십 여년 잠 못 든 반도,
그 건너
남도에는
조선의 학도병들과 떼창하는 후지키 쇼겐*

마지막 격전의 땅, 가을 끝물 쑥부쟁이
"풀을 먹든 흙 파먹든
살아서 돌아가라"
그때 그 전우애마저 다 묻힌 마부니언덕

그러나 못다 묻힌 아리랑은 남아서
굽이굽이 끌려온 길,
갈 길 또한 아리랑 길
잠 깨면 그 길 모를까 그려놓은 화살표

어느 과녁으로 날아가는 중일까
나를 뺏긴 반도라도,
동강난 반도라도
물 건너 조국의 산하 그 품에 꽂히고 싶다

* 태평양전쟁 말기 일본군 소대장으로 참전했으며, 조선학도병 740인의 위령탑 건립과 유골봉환사업에 일생을 바쳤다.

## ■ 심사평

제19회 고산문학대상(시조 부문)은 100인의 추천을 받아서 올라온 여러 권의 시집 중에 다수의 표를 얻은 다섯 권이 본심에 올라왔다. 『오키나와의 화살표』, 『마음의 음력』, 『그늘의 문장』, 『그을린 입술』, 『버릴까』는 각각 고유한 개성과 작품의 질적 수준이 매우 뛰어나서 어떤 시조집을 선정해도 이상하지 않을 정도였다.

심사위원들은 고심에 고심을 거듭한 끝에 일단 각각 두 권의 시조집을 선정해서 제출했는데, 최종적으로 『오키나와의 화살표』와 『그을린 입술』, 『마음의 음력』 등이 중복해서 선정되었다. 심사위원들은 세 권의 시조집을 오랜 시간 비교 검토하면서도 우열을 비교하기에 난감하였다.

『마음의 음력』은 당연하다고 생각되던 일상과 이성의 결과들을 의문에 부치며, 명증하게 해석되지 않는 삶의 어떤 '그늘'의 형상을 포착함으로써 새로운 시조의 경지를 개척하고 있었다. 1년 12개월 30일 단위의 생활 패턴이 우리의 생체 리듬에 맞지 않을 수 있으며, 오히려 1년을 20일로 된 18개월로 나누어 생활하는 마야인의 생활 패턴이 오히려 우리의 삶의 리듬에 부합할 수 있다는 문제의식이 이 시조집의 발상을 대변해주고 있었다. 그러한 문제의식을 담아내는 시조 작품들이 기발하고 독창적이기는 하지만, 개인적이고 추상적인 시상의 전개가 공감대를 형성하는 데 어려움이 남았다.

『그을린 입술』은 그동안 시인이 보여주었던 절제와 균형, 함축과 여백의 시조 미학의 장점을 더욱 정제된 형태로 보여주고 있었다. 정갈하고 군더더기 없는 형식미와 심오한 서정과 사유가 어우러진 함축미가 압권을 이루고 있었으며, 적확하고 아름다운 언어의 미학이 시조의 품격을 높이고 있었다.

『오키나와의 화살표』는 제주도민의 한이 서려 있는 4.3 사건의 아픔과 의미를 형상화하면서도 그것을 우리 민족이 걸어온 파행적인 현대사의 아픔으로 보편화하고 승화시킨 시의식이 빛을 발하고 있었다. "꿩의 울음"을 하나의 상징으로 승화시킨 성과도 주목되었는데, 마치 억눌린 감정을 더 이상 어쩌지 못해 토해내는 듯 그 탁하고 둔중하며 돌발적인 꿩의 울음소리를 식민지와 분단의 과정을 통해서 이산과 유랑을 경험하고, 민주화 과정을 통해서 학살과 희생의 감내해야 했던 우리 민족의 영혼과 한에 대한 상징으로 승화시키고 있었다.

결국 『그을린 입술』과 『오키나와의 화살표』라는 두 권의 시집을 두고 한참을 고민하면서 치열한 토론을 진행하였다. 하지만 제주도민의 아픔을 제주도민의 아픔으로 한정하지 않고 우리 민족의 무의식에 남아 있는 상처와 한의 상징으로 승화시킨 『오키나와의 화살표』가 지닌 그 무게와 깊이에 손을 들어주었다.

작품 「4만원」은 "고시촌 쪽방"에 창이 있으면 4만원을 더 내는데 그것을 아끼려고 하다가 결국은 죽음으로 내몰린, 우리 삶의 사각지대를 바라보는 형형한 시인정신과 '호모 사케르homo sacer'적인 현대인의 자화상을 보편화하고 있다. 또한 「오키나와 화살표」에서는 오키나와에 끌려온 조선의 학도병이 조국으로 가는 길을 표시해 놓은 "화살표"를 통해서 우리 민족의 고향에 대한 그리움과 고향 상실의 아픔을 깊이 각인해 놓고 있는데, 이러한 작품들은 지금 여기의 부조리한 현실과 파행적 역사의 고통을 상징적으로 대변해주면서 깊은 울림을 지니고 있다.

고산문학대상 본상을 수상한 것을 축하하면서 『오키나와 화살표』가 한국 시조의 발전에 크게 기여하기를 기대한다.

고산문학대상 시조 부문 신인상의 후보시집도 100인의 추천위원을 통해 가장 많은 추천을 받은 다섯 권의 시조집이 본심에 올라왔다. 『눈 먼 말의 해변』, 『미안한 연애』, 『섭섭한 오후』, 『공복의 구성』, 『구름 위의 구두』 등을 두고서 심사위원들은 고심을 거듭했지만, 쉽게 결론이 나지 않았다. 다섯 권의 시조집이 모두 개성이 넘쳐나고 있었으며, 시조의 새로운 모색과 가능성 등을 보여주고 있다는 점에서 쉽사리 결론을 내리기 어려웠기 때문이다. 결국 각각 두 권의 시조집을 추천하기로 했고, 『구름 위의 구두』와 『미안한 연애』, 『눈 먼 말의 해변』 등이 중복으로 선정되었다. 심사위원들은 세 권의 시조집을 검토하면서 각각의 시조집이 지니고 있는 특징과 장점을 비교하면서 선별작업을 진행하였다.

『눈 먼 말의 해변』은 함축과 절제의 시조 문법을 적절히 구현하면서도 정갈하고 차분한 어조로 여백의 공간을 통해서 서정과 사유를 함축하는 시조의 기품을 보여주고 있었다. 들뜨거나 흥분하지 않고 시상의 흐름을 자연스럽게 밟아가는 시적 전개의 보폭 또한 믿음직스럽기도 했다. 다만 치열한 현실을 감당할 수 있는 좀 더 냉철한 시선이 아쉬웠다.

『미안한 연애』는 작품들을 읽는 독자로 하여금 통쾌함을 느낄 수 있도록 하는 시선의 진솔함과 대담함이 눈길을 끌었다. 사회적 관습이나 도덕적 관념의 압박을 벗어버리고, 현대인의 내면에서 파동 치는 욕망의 흐름과 그것의 사회적 발현 양상을 섬세하고 파악하여 사실적으로 묘사하는 대담성과 솔직한 어조가 일상과 세속의 가식들을 분쇄하는 통쾌함을 발산하고 있다. 하지만 너무 직설적이고 생경한 표현들이 함축과 여백의 아름다움을 방해하는 점이 조금 걸렸다.

이러한 이유로 『구름 위의 구두』를 시조 부문 신인상으로 선정하였다. 이 시조집은 시조 작품들이 의례 지닐 수 있는 상투성과 네 음보의 형식적 조건만을 충족시키려는 인위적인 안이성에서 벗어나 자연스러우면서도 개성적인 율격을 창출하고 있을 뿐만 아니라 진폭이 큰 비유의 활용을 통해서 시적 공간의 울림을 크게 하는 장점을 지니고 있었다. 현대시와 비교해도 부족할 것이 없는 참신하고 신선한 비유를 통해서 시적 공간을 한없이 확장할 뿐만 아니라 참신한 감각을 보여줌으로써 현대시조를 갱신할 수 있는 가능성과 그 도전적이고 모험적인 시정신을 높이 평가하였다.

작품 「돌장승 시간」은 태생적으로 손과 발이 없는 닉부이지치라는 인물의 삶을 끌어들여 돌장승과 같은 무기력하고 무미건조한 시간을 보냈던 과거를 회상하면서 "이 벽 저 벽 부딪쳐서 옹이진 기억들"이라든가 "바닥이 내어주는 편한 그늘 말아 쥐고"라는 절묘한 비유적 표현을 통해서 삶의 고통을 음미하면서 신생의 가능성을 타진하고 있다. 또한 「새가 울 때」라는 작품은 새의 울음과 비상, 그리고 회귀의 모티프를 활용하여 삶에 대해 회의와 은둔의 폐쇄적 충동을 삶에 대한 의욕과 가치의 발견으로 환원하는 극적 변화의 심리적 드라마를 절묘하게 표현하고 있다. 이러한 작품들에서도 참신하고 신선한 비유의 효과가 시적 울림과 진폭의 확장을 가능케 하는 것은 말할 것도 없다.

『구름 위의 구두』로 고산문학대상 신인상을 수상한 것을 축하하며, 더욱 정신하여 우리 시조단에 활력을 불어 넣는 참신하고 도전적인 시인이 되기를 바란다.

— 심사위원 : 이승은 박현덕 황치복

# 절벽에 선 독수리의 마음으로

한라산 굽잇길을 돌아들어 남쪽 고향 마을에 가는 길이었습니다. 무슨 목적이 있어서가 아니라, 무작정 차를 몰고 고향 바다를 보러 가는 길이었습니다. 핏줄이 당긴다는 그 말이 실감 나는 순간, 덥석 수상 소식을 받아들고 말았습니다.

기쁨 끝에 달라붙는 난감하고 부끄러운 심사를 억누를 길이 없어서, 집어등이 돋아나는 저녁 바다에 마음을 식혔습니다. 그때 고산 선생이 「어부사시사」를 빚어내던 그 시선으로 집어등을 보았습니다. 낮인 듯 불을 밝힌 그 풍경은 밤인지 낮인지 분간이 되지를 않았습니다.

간밤의 눈 갠 後후에 景物경물이 달랃고야 바
압희ᄂᆞᆫ 萬頃琉璃만경유리 뒤희ᄂᆞᆫ 天疊玉山천텹옥산
仙界션계ㄴ가 佛界불계ㄴ가 人間인간이 아니로다

비록 겨울은 아니었지만, 고향 바다의 모습은 현실의 풍경은 아니었습니다. 오랜만에 찾은 고향 바다는 나지막이 내게 어부사시사를 읊조려 주었습니다. 반가운 소식에 기쁜 탓인지도 모릅니다. 바다는 언제나처럼 그대로인데, 내 귀가 그렇게 들었을 것입니다.

어느덧 내 시조의 걸음도 마흔 해 길섶을 바라봅니다. 보통 70년을 산다는 독수리도 40년쯤 되면 깃털이 빠지고, 부리와 발톱마저 무뎌져 삶의 위기에 처한다고 합니다. 그때 독수리는 선택을 합니다. 하나는 이대로 죽는 것이고, 다른 하나는 새로운 출발을 하는 것입니다. 독수리는 절벽 바위에 온몸을 내리꽂아 부리를 박살내어 새 부리를 얻고, 그 부리로 발톱을 뽑고, 그 발톱으로 깃털을 뽑아, 새 부리 새 발톱 새 날개로 '하늘의 제왕'으로서의 위상을 되찾는다고 합니다.

네 번째 시집 『오키나와의 화살표』에는, 그동안 내 시를 지배하던 제주, 그리고 〈4.3〉을 벗어나 우리가 놓친 현대사를 돌아보고자 했습니다. 중국의 단둥과 북한 신의주를 잇는 「압록강 단교斷橋」에서, '일송정'이 노랫말로 등장하는 가곡 '선구자'의 고향 연변에서, 740명의 조선학도병들이 몰사한 '오키나와 마부니언덕'에서, 민족의 아픔과 꿈을 시에 녹여봤습니다. 「윤노리나무」와 「아스」란 시도 그렇습니다.

고산 선생의 정신을 받들어 무딘 시의 날을 벼리려 합니다. 절벽에 선 독수리의 마음으로 가겠습니다. 쉽지 않은 선택으로 이 상을 허락해 주신 심사위원님들과 고산문학상운영위원, 해남군민 여러분께 마음 다한 고마움을 올립니다. 변함없이 어진 동행을 하는 경아에게도 따뜻한 손을 건넬 참입니다.

# 정드리 걸어온 길

20세기에서 21세기 다리를 건너온 2000년, 그야말로 새천년 5월 19일 오후 정드리문학회가 결성되었다. 제주시 광양 어느 식당에서의 일이다. 회원은 오승철 선생님을 필두로 김윤숙 문순자 허운호 김희운 강수아가 참여했다. 회장은 김윤숙, 총무는 강수아가 맡았다. 모임 이름은 총무가 사는 동네 이름인 '정뜨르' 로 하자는데 의견이 모아졌다. 그러나 어감이 좀 거칠어서 '정드리'라 정하고 '정을 담는 그릇'이라는 의미를 담았다.

일주일에 한 번씩 신촌 이용상 시인 댁에서 합평회를 열었다. 오름을 다니며 시안을 넓히고, 좋은 문예지, 좋은 시집을 공동구입해서 작품들을 필사하며 문학의 열정을 키웠다.

동인간의 교류의 폭도 넓혔다.

2005년에는 이정환 시인이 이끄는 대구의 '배흘림동인'과 서로의 지역을 오가며 교류를 했다. 김세진 이숙경 이경임 윤경희 윤채영 이희숙 최병상 시인들과 '동검은이 오름'을 같이 올랐다. 대구 시인들은 '사방이 탁 트여서 이상하다'는 말을 했던 기억이 난다.

정드리가 대구를 방문할 때는 박기섭 유성호 평론가를 초청하여 문학강의를 듣기도 했다. 그 무렵 다시 제주에 왔던 이정환 시인은 비행기 시간이 조금 남아서 허은호 시인의 차를 타고 애월바다에 들렸다가 「애월

바다」라는 큰 작품을 빚어냈다. 그해 이 작품으로 '이호우시조문학상'을 받았다. 윤경희 시인도 「동검은이오름」으로 유심 신인상을 받는 겹경사를 낳았다. 우리는 만날 때마다 '제주'를 주제로 쓴 작품들로 상을 받았기 때문에 로열티를 받아야 한다고 얘기했는데, 기어이 두 시인으로 하여금 정드리에 찬조금을 내게 했다.

2010년부터는 정드리 인터넷 카페를 운영했다. 이로 인해 회원들은 안방에서 서로의 문학작품과 전국 여러 시인들의 좋은 작품을 접할 수 있는 장이 마련되었다. 이러한 온라인 교류 외에도 월 1~2회 정도의 오프라인 모임과 문학기행, 오름등반도 하고 시인 초청 문학강의를 듣는 등 다양한 행사를 펼쳤다. 그 당시 이지엽, 이승은, 정수자, 고형렬, 최영철, 이정록, 유종인 시인과 조명숙 소설가 등이 다녀갔다.

이 무렵 또 하나의 교류 활동이 시작됐다. 충북 진천에 있는 진천문학회다. 나순옥 시인을 중심으로 노영임, 고복연, 이난숙, 최미향, 최세희 등의 회원들과 감귤따기 체험 및 오름 동행, 올레 걷기 등을 함께 했다. 이들의 작품을 정드리 동인지에 싣기도 했다. 우리도 우정의 발걸음으로 진천을 방문 농다리, 궁남지, 부소산성, 낙화암 등 백제문화권 문학기행을 했다. 우리의 외연은 이렇게 넓어지고 있었다.

우리는 여기에 그치지 않고 도내 동인들 간의 교류에도 연결고리 역할도 했다. 계간문예 〈다층〉, 〈정드리〉, 〈한라산문학회〉가 모이는 '다정한' 만남의 장을 펼쳤다. 이는 도내에서 활발히 활동하는 동인들 간의 교류를 통한 제주문학 발전의 밑거름이 되었다.

그 사이 정드리 동인들의 시집이 연이어 나왔다.

김윤숙 시집 『가시낭꽃 바다』(2007), 문순자 시집 『파랑주의보』(2007)를 발간, 문화관광부 우수도서로 선정됐으며, 『아슬아슬』(2014), 현대시조100인선 『왼손도 손이다』(2016), 『어쩌다 맑음』(2020), 오승철 시집 『누구라 종일 홀리나』(2009), 『터무니 있다』(2015), 『오키나와의 화살표』(2019)를 발간했으며, 김영순 시집 『꽃과 장물아비』(2017), 우리시대 현대시조선 『그런 봄이 뭐라고』(2019), 이명숙 시집 『썩을』(2017), 우리시대 현대시조선 『강물에 입술 한 잔』(2019), 장영심 시집 『자작자작 익는 겨울』(2018), 김신자 시집 『당산봉 꽃몸살』(2020), 김양희 시집 『절망을 뜯어내다』(2020), 오창래 시집 『국자로 등을 긁다』(2020)를 발간했다.

우리의 작품에 대한 평가도 이어졌다.

오승철 회원이 '이호우시조문학상(2005) 수상에 이어 유심작품상(2006), 중앙시조대상(2010), 오늘의시조문학상(2014), 한국시조대상(2016), 고산문학대상(2019) 수상의 쾌거를 올렸다. 문순자회원이 한국시조작품상(2009), 노산시조문학상(2019), ), 김영순 회원이 고산문학대상 신인상(2018), 김양희 회원이 제1회 정음문학상(2019) 수상의 영예를 안았다.

이렇게 회원들이 상을 받을 때마다 렌트카를 빌려 강원도 백담사며 내린천, 서대문형무소, 남한산성, 양주의 두물머리, 이용상 시인의 상주공장, 문경새재, 백수 문학관, 땅끝마을 해남 등을 찾아 문학기행을 하기도 했다.

2018년 오승철 회원이 오늘의시조시인회의 의장을 맡았다. 그해 제주에서 〈4·3과 해녀와 시조〉라는 주제로 여름세미나를 개최, 회원들의 해녀관련 작품 138편을 모아 제주해녀시조집 『해양문화의 꽃, 해녀』를 발간했다. 이 책을 내는데 제주회원들의 힘이 컸다.

정드리 결성 10주년 기념으로 정드리문학 창간호 『혈관마다 파도치다』(2010) 발간, 2집 『불끈, 주전자』(2011), 3집 『붉은발말똥게』(2012), 4집 『노을에 놓다』(2013), 5집 『몸쓸짓』(2014), 6집 『꽃귀떰』(2015), 7집 『장미고집』(2019)을 발간했다. 올해는 정드리가 성년을 맞는다. 그리고 20주년 기념으로 8집 『손말』(2020)을 엮는다.

현재 정드리 회원은 16명이고, 회장 양시연, 총무 윤행순이 맡고 있다.

사실 전국적으로 봐도 문학동인 수명 10년을 넘기는 흔하지 않다. 하지만 정드리는 우여곡절 속에서도 20년을 맞았다. 회원들의 열정이 뜨겁지 않았다면 가능하지 않았을 것이다. 이제 성년을 맞이한 만큼 사회적 시대적 책임을 다하고자 한다.

편집부

# 편집후기

— 어느 시인은 '사람과 사람 사이에 섬이 있다'고 했다. 요즘 이 시가 더욱 실감나게 다가온다. 사회적 거리두기가 '섬'을 만드는 것 같다. 그러나 코로나19 시국에도 여전히 꽃들은 피고, 정드리도 창립 20돌 동인지 제8집을 엮는다. 이번 호는 성년을 맞는 정드리의 사회적 시대적 책임에 걸맞게 질적, 양적인 면을 고려했다.

— 일 년 동안 모든 문예지에 발표된 작품들 중에서 회원들의 의견을 모아 '정드리 창에 비친 좋은 시조' 10편을 선정했다. 현대시조의 흐름을 가늠할 수 있는 귀한 시간이었다. 선정된 작품에 시작노트를 보내주신 시인들께 감사드린다.

— 〈백수 정완영 선생 탄생 100주년 기획〉 "말은 짧되 뜻은 길고, 속은 뜨겁되 겉은 서늘하고, 보여주되 설명하지 마라." -제주사랑, 제주시조 2008년 서귀포 전국문학인대회에 참석하셨던 백수 정완영 선생의 말을 이승은 시인이 정리한 자료다. 백수 탄생 100주년 기념 문집에 발표했던 것을 다시 싣는다.

— 시인 인터뷰에는 제주 시조시인 1호인 정인수 시인의 삶과 문학을 다뤘다. 비로소 제주 시조단의 초석을 놓은 셈이다.

— '정드리 걸어온 길'을 정리했다. 역사는 오늘을 형성해온 뿌리이자 내일의 나침판이라 했다. 정드리 20년 회고를 싣는 이유도 여기에 있다. 더욱 더 창작의 열기를 지필 것이다.

편집위원장 문순자, 편집위원:고해자·김영순·장영심